이 책의 목적은

영화 속도로 듣고 말할 수 있는 것입니다.

100명 중 99명
영화영어 실패 이유

수준이 다르다?
영화영어 실패하신 분들 대부분은 기존의 학교 과정(초,중,고,대학교)에서 '글'로 영어를 배우신 분들입니다. 제대로 '말'로 영어를 배워본 경험은 없습니다. 영어회화를 배웠어도 정해진 패턴대로 몇 가지 표현만 느린 속도로 배웠을 뿐입니다. 하지만 실제 상황은 그 표현대로 흘러가지 않습니다. 다시 말하면, 학원에서 배웠어도 의사소통에서 막히는 경우가 많고, 하고 싶은 말을 자유롭게 듣고/말하거나 정확한 영어 구사에는 어려움을 겪습니다. 100번을 봐도 영화영어에 실패하는 이유는 아직 습득할만한 수준이 안됐기 때문입니다.

절대 들리지 않는다?
20번~30번 들어도 안 들리는 부분은 절대 들리지 않습니다. 영어로 뭐라고 받아적어야 할지도 감이 안 옵니다. 들리지 않는 이유는 크게 3가지입니다.
1.모르는 단어 / 2.아는 단어지만 소리가 다르게 나는 단어. / 3.너무 빠른 말의 속도
이 책에서 어려운 단어는 붉게 해놨는데요. 페이지당 붉은(모르는) 단어는 몇 개 안 됩니다. 80% 이상은 '2, 3번'입니다. 2.소리가 다르게 나는 이유는 학교에서 배웠던, 그리고 알고 있는 발음의 대부분은 실제와 다르기 때문입니다. 그런 단어 위주로 책에 빈칸 받아쓰기를 만들었습니다. 발음을 맞게 알고 있는 단어도 앞뒤에 오는 단어에 따라, 지역과 사람에 따라 완전히 다르게 발음됩니다. 그리고 3.수능/토익과는 천지차이로 속도가 빠릅니다. 영화영어가 어느 정도 들리는 수준이면 수능 듣기는 당연히 다 맞고, 토익도 LC 450은 기본으로 나옵니다.

이해할 수 없다?
한글 자막이 '의역'되어있기 때문에 문장 통째로는 이해가 됩니다. 하지만 영어 자막을 보면 각 성분이 왜 어떤 작용을 하는지는 빨리 파악이 안 됩니다. 어떤 문장은 아예 이해 불가능한 문장도 나옵니다. 이해가 완벽하지 않은 상태에서 100번을 듣고 익혀도 겉돌게 됩니다. 억지로 외워도 그 문장의 표현을 응용하기는 불가능합니다.

말할 수 없다?
외국인을 만나면 머리가 멍해집니다. 하고 싶은 말이 잘 생각이 안 나고, 중언부언합니다. 그 이유는 평소 독해와 문장분석용 문법 위주로 공부했기 때문입니다. 피아노 음악을 듣고 악보를 본 적은 있지만, 실제로 피아노를 쳐본 적은 없는 것과 마찬가지입니다. 실제로 피아노를 치려면 다른 근육이 움직여야 하며, 다른 부분의 뇌가 움직여야 합니다. 영어회화도 마찬가지입니다. 눈으로만 공부하지 말고, 귀와 입으로 공부해야 합니다. 이 때, 체계 없이 귀와 입으로 연습을 하면 더디게 늡니다. 꼭 영어의 체계에 맞춰 연습해야 합니다.

100명 중 1명
영화영어 성공 비법

→ 성공한 사람들의 수준!

요령이 없이 본 토익 800 이상, 유학 2년 이상, 카투사 출신, 영어학원 강사, 영문과 전공 등. 영어를 많이 접해본 사람들이 성공합니다. 이미 수년간 엄청난 공부를 했으며, 의사소통에는 어려움이 없습니다. 다만 더 자유롭게 듣거나 말하고 싶어서 영화영어를 공부합니다. 저 역시 여러 번 실패했다가, 영어 전공하면서 성공했습니다. 쉽게 말해 영화영어는 초중급용이 아니라 중급자가 고급자가 되려는 방법으로 쓰는 것입니다. 물론 이 책은 초중급자도 익힐 수 있도록 많은 장치를 추가했습니다. 중급 수준으로 올리기 위해 문법패턴을 활용한 10WS부터 시작합니다.

→ 잘 들으려면!

누구나 처음에는 영어가 들리지 않습니다. 하지만 들리게 된 사람들을 보면, 어쩔 수 없는 상황(외국 원어민 수업, 사업 목적 등)에서 들릴 때까지 반복해서 듣고 받아 적습니다. 저는 영문과를 전공했는데, 이 정도도 못하면 전공했다고 하기 부끄러워서 한 달 동안 하루에 5시간씩 CNN을 받아 쓰고 따라 말했습니다. 공부하는 동안은 실력이 느는지 알 수 없었습니다. 하지만 그 이후 토익 시험을 봤는데, 한 달 전보다 4배는 느리게 들렸습니다. 이처럼 끝없이 반복하고 끈질기게 받아써야 합니다. 10번~20번 들어도 들리지 않으면 '한글'로 라도 받아 써야 합니다.

이후에 틀어놓고 수십 번 동시에 따라 말해야 합니다. 원어민의 속도로 말할 수 있어야 그 속도로 들을 수 있습니다. 너무 빠르면 속도를 느리게 해서 많이 연습한 뒤에 속도를 높여야 합니다. 잘 따라 말할 수 있으면, 그때부터는 대본을 보지 않고 들리는 대로 따라 말합니다(쉐도잉).

→ 이해하려면!

원어민이 가장 많이 쓰는 문장 구조부터 훈련해야 합니다. 한국어와 영어는 전달방식이 다르기 때문에, 영어의 어순에 맞춰 '영작'해봐야 합니다. 글로 써도 좋고 말로 해도 좋습니다. 쓰는 것이 빨라지면 말하는 것과 비슷합니다. 이런 과정의 반복으로 영어 반응 속도를 높여야 합니다. 영어를 영어식으로 받아들일 수 있어야 합니다. 물론 이해가 불가능한 '관용구'도 있습니다.

→ 잘 말하려면?

초중급에 단계에서는 글로 쓴 것을 말로 다시 훈련해야 합니다. 왜냐하면 한국식 영어에 익숙해져 있어서 앞에서부터 영작하지 못하고 앞뒤를 오가면서 영작하기 때문입니다. 이 책에서는 구조에 대한 힌트 '누가-한다-무엇을'로 앞에서부터 영작하도록 유도하고 있습니다. 혹시 이 책에서 제공하는 영작 문제가 충분하지 않다면 <4시간에 끝내는 영화영작>을 추천합니다. 이 책이 어렵거나 쉬운 분을 위한 다른 책은 p.141에 소개되어있습니다. 100LS 훈련을 할 때도 듣기만 하지 말고 꼭 말해봐야 합니다. 소리를 내기 어려운 상황이라면 입 모양 만이라도 꼭 움직여 보세요.

이상한 나라의 앨리스 소설 작가
루이스 캐럴 소개 (1832~1898)

소개 1832년 1월 27일 영국 출생. 본명은 찰스 루트위지 도지슨 (Charles Lutwidge Dodgson). 옥스퍼드 대학교의 크라이스트컬리지에서 수학, 신학, 문학을 공부했다. 1854년에 영문학 박사학위를 받고, 26년간 옥스퍼드 대학교에서 수학 교수로 일했다.

리델 집안 아이들에게 들려줬던 <지하 세계의 앨리스>가 나중에 <이상한 나라의 앨리스> 이야기의 토대가 된다. 1864년 크리스마스에 자필로 쓴 <지하 세계의 앨리스>를 리델 앨리스에게 선물로 줬다(2009년에 115,000달러에 판매됨, 약 1억 3천만 원). 이후 존 테니얼(John Tenniel)의 삽화를 넣어 맥밀란 출판사에서 1865년 7월에 <이상한 나라의 앨리스>로 출간된다.

1871년에 속편인 <거울 나라의 앨리스>를 출간하고, <유아용 앨리스(The Nursery Alice, 1890)>를 출간했다. 이후에 신비로운 동물에 대한 <스나크 사냥>, <유클리드와 현대의 맞수들>, <실비와 브루노> 등을 출간했다.

저서

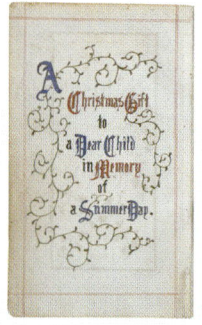
지하세계의 앨리스
자필 원고 (1864)

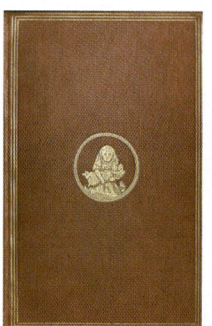
이상한 나라의 앨리스
맥밀란 출판사 (1865)

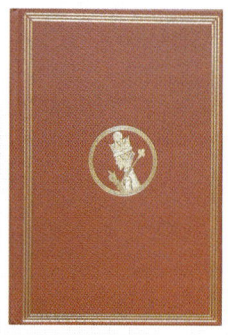
거울 나라의 앨리스
맥밀란 출판사 (1871)

유아용 앨리스
맥밀란 출판사 (1890)

관련 사진

앨리스 리델 (Alice_Liddell)
이상한 나라의 앨리스의 모델

19살이 된 앨리스 리델
루이스 캐럴이 찍음 (1870)

존 테니얼 (John Tenniel) 자화상
<이상한 나라의 앨리스> 삽화가

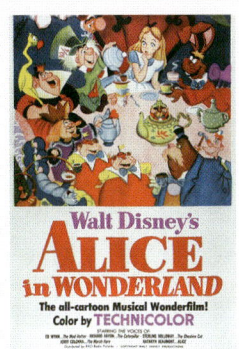

이상한 나라의 앨리스
월트 디즈니 애니메이션 소개 (1951)

클라이드 제로니미(Clyde Geronimi) 감독
해밀턴 러스크(Hamilton Luske) 감독
윌프레드 잭슨(Wilfred Jackson) 감독

소개 네이버 영화 평점 9.14. 제작비 300만 달러(현재 가치로 290억 원). 루이스 캐럴이 집필한 <이상한 나라의 앨리스>와 <거울 나라의 앨리스>를 절묘하게 합쳤다. 소설의 유명한 대사와 시의 상당 수를 그대로 살려서 원작에 충실하다. 일부 위트와 캐릭터의 표현(몸짓, 생김새 등)을 원작에 더했다. 기발한 상상력, 극단적인 캐릭터, 풍자적이고 철학적인 대사로 많은 생각이 들게 한다.

어린이들은 앨리스의 상황에 공감할 수 있어서 좋고, 어른이 보면 각 캐릭터가 자신이나 주변 사람들의 모습과 겹쳐보는 재미가 있다. 캐릭터들의 대사가 다소 엉뚱하지만 반박하기 어렵고, 잠시나마 상대방의 처지에서 생각할 수 있게 한다.

짧은 이야기들이 여러 개라 기승전결은 약하지만, 몇몇 장면이 주는 충격은 엄청나다. 오히려 내용이 길면 영어공부하기 부담스러울 수 있는데, 각 장면이 짧아서 영어공부하기에 더 좋다. 1963년 이전(저작권 소멸)에 평점 9.0 넘는 영화 중에서 마음에 쏙 드는 것은 앨리스밖에 없었다.

그동안 앨리스가 영화, 연극, 뮤지컬, 동화 등 수십 번 각색됐지만, 디즈니의 이 작품은 현재까지 앨리스를 각색한 최고의 작품으로 꼽히며, 21세기에도 이것을 뛰어넘는 앨리스 영상은 나오기 어려울 것이다. 참고로 <이상한 나라의 앨리스>에 대한 다양한 해석은 alice-in-wonderland.net에서 볼 수 있다.

한줄평
"별점 5점 만점에 10점을 줘도 모자랄 작품"
"앨리스 영화 중 최고봉, 단연 최고의 영화"
"상상력과 미술, 음악, 철학이 조합된 끝내주는 애니메이션!"
"수많은 디즈니 작품 중에 라이온킹 다음으로 이 작품을 꼽게 됨…"
"추억엔 이끼가 끼지 않는다."
"횡설수설 어수선한 매력ㅋㅋ 옛날 영화지만 화면 색감이 이쁘고 창의력이 기발함ㅋㅋ"
"이게 1950년대 영화라니ㅋㅋㅋㅋ진짜 내 영원한 동심 영화♥"
"클래스는 영원하다. 65년 전 만화가 현재에 밀리지 않는다."
"어려서부터 집에 비디오테이프가 있었는데 정말 거짓말 안 하고 100번은 본 것 같다. 커서 봐도 재밌고.. 더빙판으로 봐서 그런지 더빙판 노래들이 아직도 귀에 맴돌곤 한다! 타조같이~ 춤추네~ ♪"
"와… 생각이 엄청 많아지는 영화네요."
"디즈니 애니치고 줄거리는 단순하지만 비주얼은 최상급."
"제작연도가 믿기지 않을 정도로 현대적이고 독창적인 만화."
"비디오를 수십 번 돌려봤던.. 지금봐도 좋다"
"세계 최초의 병맛 만화영화가 아닐까"
"디즈니 애니 세계 중 가장 초현실적인..몽환적이다"

이상한 나라의 앨리스
등장 인물/성우 소개

영상에 등장하는 순서 정렬, 캐릭터 옆의 영어는 성우 이름

앨리스 Kathryn Beaumont
만 7살 반. 초등학교 1~2학년. 호기심이 많아서 토끼를 쫓아 굴속으로 들어간다. 예쁘고 푸른 눈동자를 가졌다. 당시 실존했던 앨리스 리델을 생각하며 만든 캐릭터.

캐스린 보몬트 앨리스 성우
1938년 런던 출생. 영국에서 아역 배우를 했고, 미국에서 14살 때 앨리스 역을, 16살 때는 피터팬의 웬디를 맡았다. 교육을 전공하고 보몬트(텍사스)에서 초등학교 선생님으로 활동.

앨리스의 엄마 Heather Angel
원작에서는 언니로 나오지만, 디즈니의 작품에서는 엄마로 나온다. 역사 공부/낭독 공부 등 앨리스를 열심히 가르치신다.

트위들 디/ 트위들 덤 J. Pat O'Malley
앨리스와 놀고 싶은 쌍둥이. 언변에 능하며, 상대의 심리를 잘 이용한다. 소설 원작에서는 딸랑이 때문에 심하게 싸우는 소심함을 보여준다.

(하얀) 토끼 Bill Thompson
항상 늦었다며 바쁘게 뛰어다닌다. 앨리스를 이상한 나라로 끌고 오게 만든 장본인. 어찌 보면 일과 시간에 쫓기며 사는 현대인들은 모두 이 토끼와 닮았다.

바다코끼리/목수 J. Pat O'Malley
트위들 디와 트위들 덤의 이야기에 나오는 캐릭터들. 굴을 꾀어서 잡아먹는다. 바다코끼리는 음흉하고 목수는 조금 모자라며 눈치가 없다. 성우 한 명이 4역할을 표현한다.

문손잡이 Joseph Kearns
말하는 문손잡이. 원작에는 나오지 않는다. 유쾌한 성격에 썰렁한 농담을 좋아한다.

빌 Larry Grey
굴뚝 청소부지만, 도도의 강요에 못 이겨 앨리스를 빼내려고 굴뚝으로 들어간다.

도도 Bill Thompson
이상한 나라에서 높은 위치에 있는 항해사. 뱃사람 말을 많이 쓴다. 갑자기 떠오른 생각을 쉽게 옳다고 믿고, 실행에 옮긴다. 능력 있어 보이나 실제로는 폐만 끼친다.

장미 Doris Lloyd
말하는 꽃들의 대장. 예의를 중시하지만 예의가 없는 위선자.

애벌레 Richard Haydn
말이 짧고 시를 잘 짓는다. 연기로 글씨나 그림을 만드는 재주가 있다. 성격이 괴팍하며, 냉소적이다. 많이 화나면 나비로 변한다.

들쥐 James MacDonald
고양이라는 소리만 들어도 놀라서 난장판을 만들 정도로 고양이를 무서워한다. 특이하게 코에 잼을 바르면 진정한다. 모자 장수, 3월 토끼와 함께 다닌다.

비둘기 Queenie Leonard
낳은 알을 뱀에게 빼앗길까 봐 두려워한다. 앨리스를 뱀으로 착각한다.

카드병정 1 The Mellomen
실수로 하얀 장미를 심었다가, 붉은 장미를 좋아하는 왕비 때문에 목숨을 걸고 장미에 붉은 페인트를 칠한다.

체셔 고양이 Sterling Holloway
몸과 목의 분리가 가능해서 잘릴 위험이 없다. 그래서 유일하게 하트의 여왕이 무섭지 않은 캐릭터. 음흉하면서도 엉뚱하고, 모든 것을 알고 있는 듯한 이 세계의 안내자.

하트의 여왕 Verna Felton
분노 장애가 있으며 화나면 누구든 목을 자른다. (체셔 고양이를 빼고) 가장 힘이 강하며 크로케 경주를 좋아한다. 종종 4단어로 된 문장을 특유의 화난 억양으로 소리 지른다.

미친 모자 장수 Ed Wynn
쓰고 있는 모자는 판매용이며, 모자 안에는 케이크를 숨겨놓기도 한다. 3월 토끼의 친구.

하트의 왕 Dink Trout
여왕의 보조 역할. 원작인 책에서도 영화에서도, 영국 내에서도 존재감이 낮다. 그리고 재판이 시작되면 판사 역할도 겸한다.

3월 토끼 Jerry Colonna
그대로 해석하면 발정난 토끼. 미친 데다가 망치까지 들고 있어서 더 위협적이다. 미친 모자 장수의 친한 친구.

해바라기/튤립 Lucille Bliss
플라밍고 Pinto Colvig
카드병정 2 Bob Hamlin
카드병정 3 Bill Lee
어린 팬지 Tommy Luske
카드들 Jack Mercer
다이나(고양이) Clarence Nash
노래하는 꽃들 Marni Nixon
카드병정 4 Thurl Ravenscroft
카드병정 5 Max Smith
백장미 Norma Zimmer

제작진 소개 자막에 이름이 없는 성우들

책의 구성과 특징

PUR방식으로 제작되어 책의 가운데를 눌러 신문지처럼 넓게 펴도 뜯어지지 않습니다.
🖊 표시에서 세이펜(별도 구매)을 사용하시면 다양한 소리가 납니다.
앞부분은 10WS로 문법패턴을 공부하고, 뒷부분은 100LS로 듣기와 말하기를 공부합니다.
더 자세한 공부법은 p.16, p.58을 참고해 주세요.

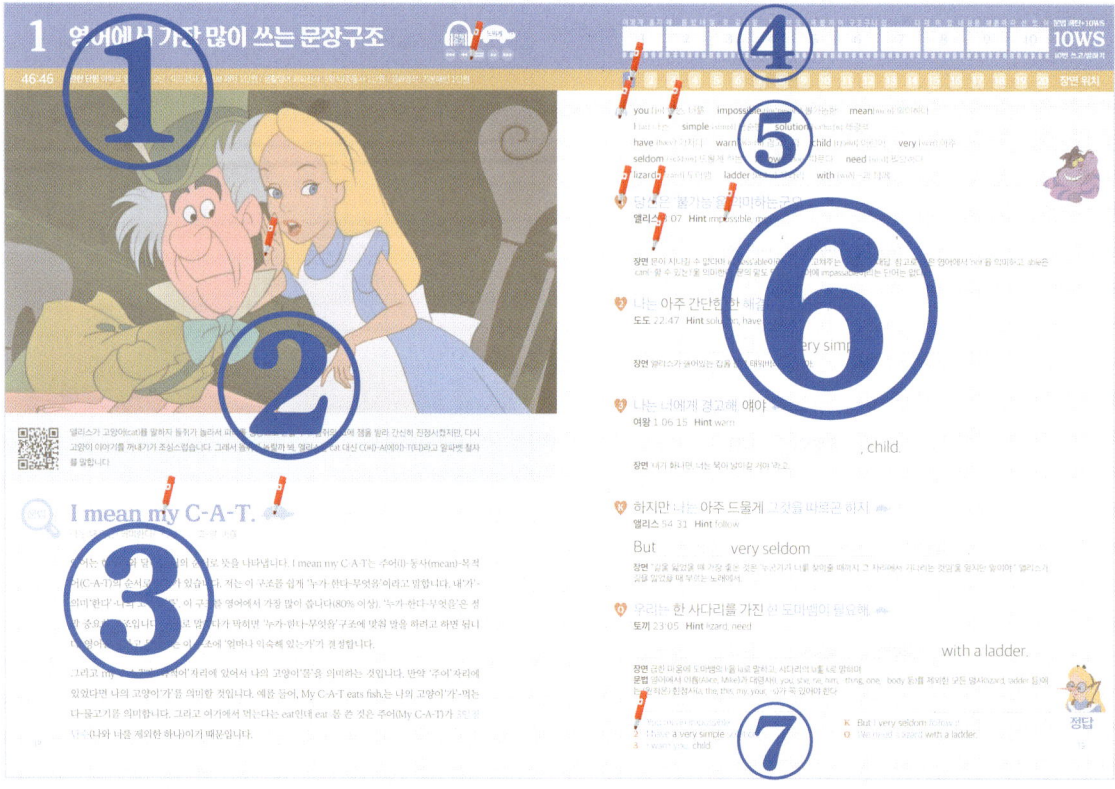

① 제목 밑에 관련 단원이 있어서, 어려운 경우 다른 마이클리시 책을 참고해서 이해할 수 있습니다.

② 영화의 장면과 장면 설명. QR코드에 들어가면 이 단원의 영상과 MP3를 들을 수 있습니다.

③ 주제문을 활용한 관련 문법 설명. 중요한 내용은 파란색이나 노란색으로 표시했습니다.

QR코드 사용법
휴대폰의 인터넷에서 naver.com 접속 후, 스마트렌즈로 촬영.

④ 몇 번 반복했는지 스스로 표시하는 부분.

⑤ 문제에 나오는 단어와 뜻, QR코드, 세이펜을 활용해서 원어민 음성을 들을 수 있습니다. 단어를 외울 필요는 없습니다. 영작하며 외워집니다.

⑥ 주제문에서 다룬 문법을 앨리스의 문장에서 활용. A,2,3보다 K,Q가 어렵습니다. 처음에 풀 때는 K,Q를 빼고 풀어도 좋습니다. a, the 등 짧은 단어도 한 단어로 취급했습니다.

⑦ 문제의 정답. 왼쪽 단에 A,2,3의 정답이 있고, 오른쪽 단에 K,Q의 정답이 있습니다.

무료 동영상 **활용법** 강의
goo.gl/x3c7qu

① 세이펜(별도 구매)으로 속도가 다르게 재생 가능.

② QR코드에 들어가면 다양한 영상, 속도가 다른 받아쓰기 MP3 등 재생 가능.

③ 영어대본. 어려운 단어는 붉게 표시했습니다. 빈칸은 첫 글자에 힌트가 있는 받아쓰기. 어려우시면 느린 MP3를 활용. 그래도 안 들리면 한글로 소리를 받아 씁니다. 빈칸만 듣고 싶다면 세이펜을 활용.

④ 해석과 받아쓰기의 정답. 해석의 순서가 받아쓰기 빈칸의 순서와 다르면, 나중에 나온 정답에 몰아서 순서대로 정답을 적었습니다.

⑤ 몇 번 반복했는지 스스로 표시하는 부분, 꼭 100번을 채우지 않으셔도 좋습니다.

⑥ 오른쪽 페이지의 받아쓰기는 힌트(첫글자)가 없으므로 더 어렵습니다. 아주 어렵다면 처음에 볼 때는 왼페이지만 받아써도 좋습니다. 한 사람의 말이 계속될 때는 이름을 반복해서 적지 않았습니다.

⑦ 각주(♥표시)로 문법/용법 해설을 달았고, 이해에 도움이 필요한 정보나 관련 원서 해설이 담겨 있습니다. 감상에는 장면에 대한 제(Mike) 개인적인 느낌을 담았습니다.

영상 보는 법

전체 파일을 받고 싶으시면 naver.me/5mePL4NT 에 접속해 주세요.

휴대폰으로 보기 (인터넷 활용)

+ 준비과정 없이 손쉽게 바로 볼 수 있다.
- 인터넷 요금이 들어갈 수 있다. 사이트마다 위치가 다르기 때문에 그 사이트에 적응해야 한다. 용량이나 제공 서비스의 한계 때문에, 일부 영상/MP3가 없을 수 있다.

바로 접속 naver.me/5mePL4NT (대소문자 주의)
우측 상단의 QR코드를 휴대폰의 카메라에 보이게 하거나, naver.me/5mePL4NT 에 접속하면, 앨리스 책의 모든 파일이 있다. 파일 목록은 이 책의 맨 뒷장(144쪽)을 참고.

마이클리시 카페 goo.gl/bbhgrq

마이클리시 책의 모든 자료가 있으며 질문 답변도 가능.

팟캐스트 goo.gl/8id6df

앨리스 외에도 다양한 강의가 있다. 다만 자료별로 분류가 불가능하기 때문에 어디쯤 있는지 찾아야 해서 불편하다. 휴대폰의 팟빵 앱을 통해서도 접속 가능.

유튜브 bit.ly/3vwTqri (대소문자 주의)
이 책의 활용법 영상, 3가지의 앨리스 영상(한글자막/영어자막/자막 없음)을 보실 수 있다.

컴퓨터로 보기 (인터넷 활용)

naver.me/5mePL4NT (대소문자 주의) 에서 파일을 받아서, 자막과 영상이 합쳐지지 않은 파일은 자막과 영상 둘 다 같은 위치(예: 바탕화면)에 같은 이름으로 있어야 영상에 자막이 보인다. 파일 목록은 144쪽을 참고.

+ 인터넷에서 파일을 받아 컴퓨터나 TV에서 바로 볼 수 있다. 컴퓨터 사양이나 인터넷 속도가 상관없다. 일부분을 반복해서 보거나 빠르고 느리게 하기 쉽다.
- 재생 프로그램(곰플레이어, km플레이어)과 코덱을 설치해야한다

통합코덱 받기 goo.gl/s3krny
곰플레이어 받기 goo.gl/kkx1zb
KM플레이어 받기 goo.gl/5bvrja

곰플레이어 국내 사용 1위, 휴대폰으로 제어 가능, 자체 코덱센터 운영으로 코덱 문제 해결, 일부 손상된 파일도 복구 후 재생 가능, 가벼운 스킨으로 설정하면 광고 사라짐.

KM플레이어 메모리를 적게 잡음(낮은 사양 컴퓨터도 사용 가능), 기본 코덱 지원, 150여 개국에서 사용.

곰플레이어 단축키

Space 재생/멈춤
Enter 전체화면 보기
방향키← 뒤로 가기
방향키→ 앞으로 가기
X 느리게 재생
C 빠르게 재생
Z 기본속도 재생
[구간 반복 시작
] 구간 반복 끝
₩ 반복해제
Alt+H 자막 끄기/켜기
Alt+L 자막 언어 변경

KM플레이어 단축키

Space 재생/멈춤
Alt+Enter 전체화면 보기
방향키← 뒤로 가기
방향키→ 앞으로 가기
Shift+ Num- 느리게 재생
Shift+ Num+ 빠르게 재생
Shift+ Num* 기본속도 재생
F5 구간 반복 시작
F6 구간 반복 끝
F8 반복해제
Alt+X 자막 끄기/켜기
Ctrl+L 자막 언어 변경

세이펜 활용법

세이펜으로 음성 듣기

세이펜(별도 판매)으로 본문을 찍으면 찍는 위치에 따라 전체 문장을, 문장만, 또는 빈칸만 소리를 들을 수 있습니다. 인터넷에서 일일이 찾을 필요가 없어서 편리합니다.

+ 가장 쉽고 편하게 문장별로, 단어별로 반복할 수 있다.
- 세이펜이 필요하다. 레인보우 세이펜 14만 9천원 (2018년 인터넷 최저가 기준)

음원 받는 법 goo.gl/maau3a

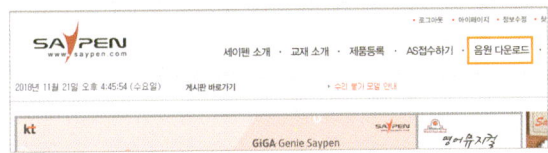

① saypen.com에 접속후 로그인
② 구매한 세이펜 시리얼 등록
③ 상단의 음원 다운로드 클릭
④ 좌측의 출판사 목록에서 마이클리시 클릭
⑤ <앨리스 영화영어> 음원 다운로드 클릭

휴대폰으로 받는 법 goo.gl/z9vikj

① 휴대폰에 세이펜을 연결(OTG젠더 필요. saymall.co.kr 에서 구입 가능).
② 플레이스토어에서(아이폰은 지원 안함) <세이펜 핀파일 매니저 어플> 앱 받기
③ 좌측 상단의 메뉴를 눌러 회원가입 후 로그인
④ 핀파일 다운로드 터치

세이펜으로 영상 보기

세이펜과 함께 휴대폰에 <세이고> 앱을 받거나, 기가지니(KT인터넷 TV 음성인식AI)를 사용하는 경우 <앨리스 영화영어>의 모든 영상을 바로 볼 수 있습니다.

+ 가장 쉽고 편하게 문장별로, 단어별로 볼 수 있다.
- 세이고를 지원하는 세이펜이나, 기가지니가 함께 있어야 사용 가능하다.

휴대폰에 <세이고>앱 받기 goo.gl/t1wk1v

① 플레이스토어나 앱스토어에서 <세이고> 검색 후 설치
② 세이펜을 켜고, 세이고 앱을 켜면 기기선택 화면에 뜨는 세이펜을 선택 (이후에는 자동 인식)
③ 좌측 상단의 메뉴를 눌러 회원가입 후 로그인
④ 로그인 후에 교재의 제목(북코드)을 세이펜으로 찍으면 해당 교재의 이미지가 뜨면서 교재가 선택됨
⑤ 교재의 원하는 부분을 세이펜으로 찍으면, 해당 내용의 영상을 세이고로 보여줌

기가지니세이펜 사용방법

①"기가지니(호출어),세이펜~"말하기
② 세이펜 전원 켜기
③ 기가지니세이펜 연결화면 확인하기
④ 세이펜으로 북코드 또는 세이고 로고 찍기

차례

영화영어 실패 이유 4

영화영어 성공 비법 5

루이스 캐럴 소개 6

월트 디즈니 애니메이션 소개 7

등장 인물/성우 소개 8

책의 구성과 특징 10

영상 보는 법 12

세이펜 활용법 13

차례 14

10WS 명대사 문법패턴 공부법 16
1 영어에서 가장 많이 쓰는 문장구조 18
2 be동사를 한마디로? 20
3 진행형은 언제 쓸까? 22
4 주어(누가)가 사라지면? 24
5 한 문장에 동사가 2개 나온 이유 26
6 will은 미래가 아니라고? 28
7 would의 쉬운 해석 비법 30
8 have+과거분사는 과거일까 현재일까? 32
9 not과 no의 차이 34
10 be동사+not 연습 36
11 정말 많이 쓰는 문장 연결 that 38
12 전치사는 한글의 조사 역할 40
13 제대로 알면 정말 쉬운 접속사 42
14 영어가 자유로워지는 콤마(,) 사용법 44
15 미래에 실제로 일어난다면? 46
16 현재 실제로 일어난다면? 48
17 아무나 못 익히는 관계사 50
18 문법책에서 보기 어려운 and 사용법 52
19 헷갈리는 의문문 쉽게 만들기 54
20 더 어려운 의문사 의문문 56

100LS 전체 대사 직청직해 공부법 58

1. 지루한 역사 공부 60
2. 앨리스의 터무니 없는 세상 62
3. 토끼의 굴속으로 64
4. 눈물 웅덩이 1/2 66
5. 눈물 웅덩이 2/2 68
6. 즐거운 코커스 경주 70
7. 트위들 덤과 트위들 디 72
8. 바다표범과 목수 1/3 74
9. 바다표범과 목수 2/3 76
10. 바다표범과 목수 3/3 78
11. 아버지 윌리엄 80
12. 집채만 한 앨리스 1/3 82
13. 집채만 한 앨리스 2/3 84
14. 집채만 한 앨리스 3/3 86
15. 살아 있는 꽃들의 정원 1/3 88
16. 살아 있는 꽃들의 정원 2/3 90
17. 살아 있는 꽃들의 정원 3/3 92
18. 애벌레의 충고 1/2 94
19. 애벌레의 충고 2/2 96
20. 뱀이라고 불리는 앨리스 98
21. 숲속에서 만난 체셔 고양이 1/2 100
22. 숲속에서 만난 체셔 고양이 2/2 102
23. 생일 아닌 날 기념 파티 1/6 104
24. 생일 아닌 날 기념 파티 2/6 106
25. 생일 아닌 날 기념 파티 3/6 108
26. 생일 아닌 날 기념 파티 4/6 110
27. 생일 아닌 날 기념 파티 5/6 112
28. 생일 아닌 날 기념 파티 6/6 114
29. 털지 숲에서의 방황 1/3 116
30. 털지 숲에서의 방황 2/3 118
31. 털지 숲에서의 방황 3/3 120
32. 장미 붉게 칠하기 1/2 122
33. 장미 붉게 칠하기 2/2 124
34. 여왕의 크로케 경기장 1/2 126
35. 여왕의 크로케 경기장 2/2 128
36. 앨리스의 증언 1/3 130
37. 앨리스의 증언 2/3 132
38. 앨리스의 증언 3/3 134
39. 도망가는 길 136
40. 꿈에서 깨어 138

 책 속 부록 〈앨리스 영어 원서〉

1. Mike가 가장 재미있게 본
   〈이상한 나라의 앨리스〉의 장면 75, 77, 81
2. Mike가 가장 재미있게 본
   〈거울 나라의 앨리스〉의 장면 89, 99, 115, 121

마이클리시 책 소개 140

감사드립니다/판권 142

파일목록/이벤트 144

10WS 명대사 문법패턴 공부법

10WS 훈련의 목적은 영어의 뼈대를 세우는 것입니다. 영어는 단어의 순서로 의미를 전달하기 때문에(영어가 어렵거나 두려우신 분들은 이 무료 강의를 꼭 보세요: goo.gl/p576xq) 그 순서에 익숙해져야 합니다. 뼈대(개념, 단어 순서)가 서면 그 뼈대에 살만 붙이면 됩니다. 문장을 더 쉽게 기억하고, 영작해서 말할 수 있게 됩니다.

10WS에서는 가장 쉽고 많이 쓰는 구조부터 순서대로 총 20단원을 넣었습니다. 한 번 영작한다고 개념이 바로 서지는 않습니다. 여러 번 영작하고 말해 보셔야 합니다. 가장 좋은 것은 <4시간에 끝내는 영화영작:기본패턴>을 통해 더 많은 문장을 접하는 것입니다. 하루에 1~5단원을 푸는 것을 추천하며, 다음날 앞에서 풀었던 것을 반복하면서 새로운 진도를 나가시면 더 좋습니다. 활용법에 대한 무료 동영상 강의는 goo.gl/x3c7qu에 있습니다.

1. 왼쪽의 장면 설명과 문법 설명 읽기

2. 오른쪽의 단어를 보고, 원어민 MP3를 듣고 따라 말하기
QR코드로 접속하시면 각 문장의 영상과 MP3를 받으실 수 있습니다.
이때 단어를 암기할 필요는 없습니다. 모르는 단어만 표시해놓으세요.
영작하면서 자연스럽게 단어가 외워집니다.

3. 영작하기
틀려도 좋습니다. 일단은 끝까지 보는 것이 중요합니다.
어렵다면 K, Q는 건너뛰고 2~10번째 풀 때 다시 풀어도 좋습니다.
장면 설명과 장면의 위치는 문장을 더 잘 기억하기 위한 장치입니다. 보지 않으셔도 좋습니다.

4. 오른쪽 아래의 정답을 보고 틀린 부분 고치기

5. MP3를 틀어놓고 동시에 따라 말하기

6. 시간을 두고 다시 풀기
잘 못 하시는 분은 다음날, 잘하시는 분은 1주일 뒤쯤에 다시 풀어 봅니다 (2~10회 반복).
쉽다면 반복 없이 한 번에 끝내셔도 됩니다.
어려우신 분은 10회까지 풀 수 있으면 좋고, 아니면 따라 읽는 것이라도 여러 번 해주시기를 바랍니다.

7. MP3를 활용해 문장 전체를 받아쓰기 (생략 가능)

Tip 1 가능한 한 책에 직접 쓰세요. 책이 지저분해진 만큼 실력도 쑥쑥 오릅니다.
책을 아끼면서 끝까지 보지 못하느니, 읽고 나서 버리더라도 끝까지 보는 것이 중요합니다.

Tip 2 과외/학원에서 활용할 경우, 1회 수업에서 10WS 1개와 100LS 2개를 진행하는 것을 추천합니다.
총 20회로 끝낼 수 있습니다.
수업에서는 연음이나 잘 안 들리는 부분을 반복해서 들려주시면 좋습니다.
총 22회의 경우 첫수업과 마지막 수업에서는 자막 없이 영화 전체를 보여주는 것도 좋습니다.

Tip 3 세이펜(별도구매)을 활용하면 단어별/빈칸별/힌트별로 읽어 줍니다. 더 편하게 공부할 수 있습니다.

Tip 4 영어 공부법이나 영어관련된 질문은 miklish.com 에 올리시면 늦어도 3일 내에는 답변 드립니다.

1. 영어에서 가장 많이 쓰는 문장구조

46:46 **관련 단원** 아빠표 영어 1단, 2단 / 미드천사: 왕초보 패턴 1단원 / 생활영어 회화천사: 5형식/준동사 1단원 / 영화영작: 기본패턴 1단원

앨리스가 고양이(cat)를 말하자 들쥐가 놀라서 파티를 엉망으로 만듭니다. 들쥐의 코에 잼을 발라 간신히 진정시켰지만, 다시 고양이 이야기를 꺼내기가 조심스럽습니다. 그래서 들쥐가 놀랄까 봐, 앨리스는 cat 대신 C(씨)-A(에이)-T(티)라고 알파벳 철자를 말합니다.

 I mean my C-A-T.

나는 (내 말은) 의미한다 / 나의   고-양-이를

영어는 한국어와 달리 단어의 순서로 뜻을 나타냅니다. I mean my C-A-T는 주어(I)-동사(mean)-목적어(C-A-T)의 순서로 단어가 있습니다. 저는 이 구조를 쉽게 '누가-한다-무엇을'이라고 말합니다. 내'가'-의미'한다'-나의 고양이'를'. 이 구조를 영어에서 가장 많이 씁니다(80% 이상). '누가-한다-무엇을'은 정말 중요한 구조입니다. 영어로 말하다가 막히면 '누가-한다-무엇을' 구조에 맞춰 말을 하려고 하면 됩니다. 영어를 잘하고 못하고는 이 구조에 '얼마나 익숙해 있는가'가 결정합니다.

그리고 my C-A-T가 '목적어' 자리에 있어서 나의 고양이'를'을 의미하는 것입니다. 만약 '주어' 자리에 있었다면 나의 고양이'가'를 의미할 것입니다. 예를 들어, My C-A-T eats fish.는 나의 고양이'가'-먹는다-물고기를 의미합니다. 그리고 여기에서 먹는다는 eat인데 eats를 쓴 것은 주어(My C-A-T)가 3인칭 단수(나와 너를 제외한 하나)이기 때문입니다.

10WS
10번 쓰고/말하기

you [ju] 너는, 너를   impossible [imˈpɑsəbl] 불가능한   mean [miːn] 의미하다
I [ai] 나는   simple [simpl] 단순한   solution [səˈluːʃn] 해결책
have [hæv] 가지다   warn [wɔːrn] 경고하다   child [tʃaild] 어린이   very [veri] 아주
seldom [seldəm] 드물게 하는   follow [fɑloʊ] 따르다   need [niːd] 필요하다
lizard [lizərd] 도마뱀   ladder [lædər] 사다리   with [wið] ~과 함께

A 당신은 '불가능'을 의미하는군요.
앨리스 8:07   Hint impossible, mean

_____ 누가 _____ 한다 ' _____ 무엇을 _____ '.

장면 문이 지나갈 수 없다며 imˈpassˈable이라고 하자, 고쳐주는 앨리스의 대답. 참고로 im은 영어에서 'not'을 의미하고, able은 'can(~할 수 있는)'을 의미한다. 문의 말도 맞지만, 영어에 impassable이라는 단어는 없다.

2 나는 아주 간단한 한 해결책을 가지지.
도도 22:47   Hint solution, have

_____ 누가 _____ 한다 a very simple _____ 무엇을 _____ .

장면 앨리스가 들어있는 집을 불로 태워버리면 되잖아.

3 나는 너에게 경고해, 얘야.
여왕 1:06:15   Hint warn

_____ 누가 _____ 한다 _____ 무엇을 _____ , child.

장면 '내가 화나면, 너는 목이 날아갈 거야.'라고.

K 하지만 나는 아주 드물게 그것을 따르곤 하지.
앨리스 54:31   Hint follow

But _____ 누가 _____ very seldom _____ 한다 _____ 무엇을 _____ .

장면 "길을 잃었을 때 가장 좋은 것은 '누군가가 나를 찾아줄 때까지 그 자리에서 기다리는 것임'을 알지만 말이야." 앨리스가 길을 잃었을 때 부르는 노래에서.

Q 우리는 한 사다리를 가진 한 도마뱀이 필요해.
토끼 23:05   Hint lizard, need

_____ 누가 _____ 한다 _____ 무엇을 _____ 무엇을 _____ with a ladder.

장면 급한 마음에 도마뱀의 li을 la로 말하고, 사다리의 la를 li로 말하며.
문법 영어에서 이름(Alice, Mike)과 대명사(I, you, she, he, him, -thing, one, -body 등)를 제외한 모든 명사(lizard, ladder 등)에는 (원칙은) 한정사(a, the, this, my, your, -s)가 꼭 있어야 한다.

A You mean impossible.
2 I have a very simple solution.
3 I warn you, child.
K But I very seldom follow it
Q We need a lizard with a ladder.

정답

2. be동사를 한마디로?

5:04 **관련 단원** 아빠표 영어 4단 / 미드천사: 왕초보 패턴 6, 7단원 / 생활영어 회화천사: 5형식/준동사 1,2,3 단원 / 영화영작: 기본패턴 3단원

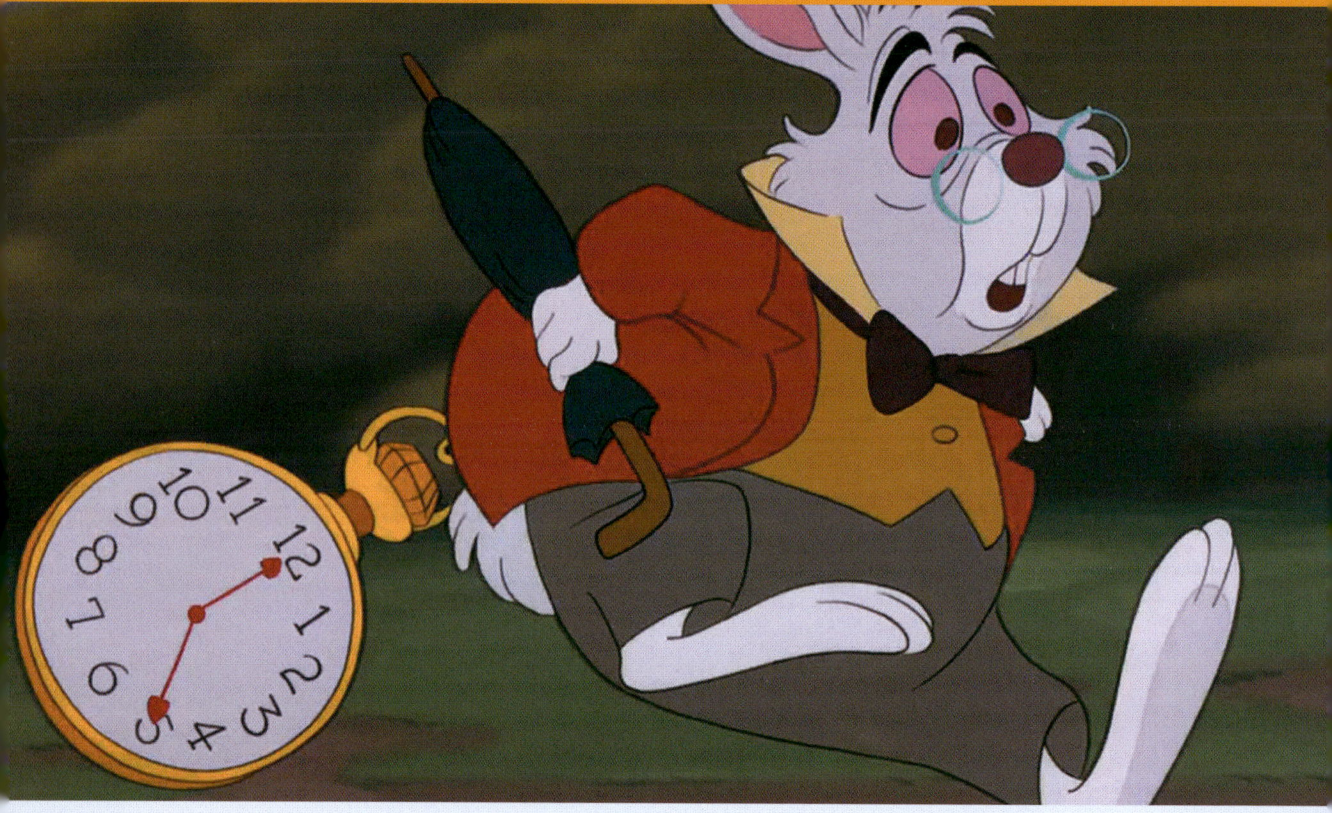

 꼭 사람처럼 조끼를 입고 시계와 우산까지 들고 뛰는 토끼가 하는 첫 마디가 바로 '나는 늦었어(I'm late)'입니다. 어디를 그렇게 바쁘게 뛰어가는 것일까요? 그냥 지나칠 수는 없겠지요? 호기심 많은 앨리스는 토끼를 쫓아갑니다. 그리고 위험해 보이는 컴컴한 동굴 속까지 따라 들어갑니다.

 ## I'm late.
나는+상태모습이다/ 늦은

토끼가 '늦었다'고 말할 때, 늦은 행동을 하는 것이 아니라 늦은 상태나 모습이기 때문에 be동사를 써야 합니다. 위에서는 I am late를 줄여서 I'm late으로 쓴 것이기 때문에 'am'을 썼습니다. be동사는 주어(누가)가 무엇인지에 따라 다른 형태를 씁니다. 위에서는 I를 썼기 때문에 am을 썼지만, '너'나 여러명인 경우는 are를 씁니다(You are, We are, They are 등). 그리고 한 명일 때는 is를 씁니다(He is, She is 등).

am, are, is, was, are, were, be, been의 대표(사전에 실리는) 형태는 be입니다. 그래서 be동사라고 합니다. 영어에서 동사를 크게 2가지로 나눌 수 있는데, 1단원에서 배운 '행동'에 대한 말을 쓸 때 '일반동사'를 쓰고, '상태나 모습'에 관해 말할 때 'be동사'를 씁니다. be동사의 의미는 쉽게 말하면, 뒤(보어)에 '상태나 모습에 대한 말(어떤)'이 나온다고 암시하는 것입니다. 그래서 구조는 '누가-상태·모습이다-어떤' 구조가 됩니다.

🎧 just [dʒʌst] 단지　little [litl] 작은　girl [gəːrl] 소녀　enough [iˈnʌf] 충분한
unbirthday [ʌnbəːθdei] 생일 아닌 날　party [paːrti] 파티　all [ɔːl] 모든
way [wei] 길, 방법　here [hiər] 여기에서　most [moust] 대부분의
everyone [evriwʌn] 모든 사람, 모든 것　mad [mæd] 미친

A 나는 단지 한 작은 소녀예요.
앨리스 37:28　Hint girl

_____누가+상태모습_____ just ____어떤____ little ____어떤____.

장면 나무보다 더 커져서 '작은' 소녀라고 말하기는 어려웠을 때.

2 저것은 충분해.
여왕 1:01:17　Hint enough

____누가+상태모습____ ____어떤____.

장면 카드들이 장미를 붉게 칠한 것이 상대의 잘못이라며 책임을 회피할 때.

3 이것은 한 생일이 아닌 날의 파티야.
모자장수 43:19　Hint party

__누가__ __상태모습__ __어떤__ unbirthday ____어떤____.

장면 앨리스가 생일파티를 방해해서 미안하다고 하자.

K 여기에서 모든 길들(방법)은 나의 길(마음대로)들이야!
여왕 1:02:21　Hint way, my

All __누가__ here __상태모습__ ____어떤____ ____어떤____!

장면 앨리스가 집으로 가는 길을 'my' way home이라고 했다가 들은 여왕의 호통.

Q 이곳 대부분의 모든 사람들은 미쳤어.
고양이 41:07　Hint everyone, mad

Most __누가+상태모습__ ____어떤____ here.

장면 앨리스가 미친 사람들은 만나고 싶지 않다고 하자.

A　I'm just a little girl.
2　That's enough.
3　This is an unbirthday party.

K　All ways here are my ways!
Q　Most everyone's mad here.

정답

3 진행형은 언제 쓸까?

33:19 **관련 단원** 아빠표 영어 5단원 / 미드천사: 왕초보 패턴 10단원 / 생활영어 회화천사: 5형식/준동사 36~38단원 / 영화영작: 기본패턴 8단원

 눈물은 바다가 되고, 몸은 집에 끼고, 말하는 꽃들은 앨리스를 왕따시킵니다. 이런 일을 겪고 애벌레에게 가는데, 애벌레가 앨리스에게 '누구냐'고 묻자 앨리스는 대답을 못 합니다. 대신 '모든 것이 혼란스럽기만 하다'라고 합니다. 삶에서 마음이 불편하면 '모든 것이 혼란스러울 때'가 있는데요. 그럴 때는 모든 것을 멈추고 잠시 다른 일(자신이 좋아하거나 잘하는 일)을 하면서 쉬는 것이 좋습니다. 애벌레가 제안하는 것은 '시 암송'이네요.

 문법 Everything is so confusing.
               모든 것은   상태모습이다/ 아주   혼란스럽게 하는

confuse는 '혼란스럽게 하다'라는 뜻의 일반동사입니다. 혼란스럽게 하는 '중인'이라는 형용사를 만들려면 뒤에 ing를 붙여야 합니다. 어떤 행동을 하는 '중인' 것은 '잠깐의' 상태나 모습을 말하는 것이므로 be동사를 함께 써서 나타냅니다. 그래서 Everything confusing은 틀린 문장이고, Everything is confusing을 해야 맞습니다. 마치 I happy하면 틀리고, I am happy하면 맞는 것과 같습니다.

일반동사를 쓸 때는 행위 전체를 말할 때 씁니다. 예를 들어, '칠한다(paint)'는, 붓에 색을 묻혀서 그림에 칠을 하고 붓을 떼야 '칠한다'는 행위를 끝낸 것입니다. 붓을 떼기 전까지는 '칠하는 중(painting)'입니다. 마찬가지로 '먹는다(eat)'도 음식을 입에 넣어서 삼키기 전까지는 '먹는 중(eating)'입니다. 어떤 장면을 머릿속으로 그리면서 말하는지에 따라 일반동사(confuse)도, 형용사(be confusing)도 가능합니다.

listen [lisn] 귀 기울이다　follow [fɑːlou] 쫓아가다　white [white] 하얀
rabbit [ræbit] 토끼　begin [biˈgin] 시작하다　backward [bækwərd] 뒤(의)
paint [peint] 칠하다　rose [rouz] 장미　sit [sit] 앉다　river bank [rivər bæŋk] 강둑

A 저는 귀 기울이고 있어요.
앨리스 2:15　Hint listen

___누가+상태모습___　___어떤___.

장면 공부하기 싫어하는 앨리스가 엄마의 낭독을 듣고 있다며, 성의 없는 말투로.

2 저는 한 하얀 토끼를 쫓아가고 있어요.
앨리스 14:08　Hint white, rabbit, follow

___누가+상태모습___　___어떤___　___무엇을___　___무엇을___　___무엇을___.

장면 쌍둥이를 만나서 빨리 떠나고 싶은 마음에.

3 너는 뒤에서부터 시작하는 중이야.
트위들 디/덤 13:53　Hint begin

___누가+상태모습___　___어떤___　backwards.

장면 만나자마자 작별인사를 하는 앨리스에게.

K 우리는 장미를 빨갛게 칠하는 중이야.
병사들 57:38　Hint paint, rose

___누가+상태모습___　___어떤___　___무엇을___　___무엇을___　red.

장면 여왕 나라에서 앨리스가 처음 들은 노래에서.

Q 저는 그 강둑에 앉아있는 중이었어요.
앨리스 46:38　Hint sit

___누가___　___상태모습___　___어떤___　on the river bank.

장면 생일 아닌 날 파티에서 앨리스에게 무슨 문제가 있었냐고 시작부터 말해달라고 했을 때.

A　I'm listening.
2　I'm following a white rabbit.
3　You're beginning backwards.
K　We're painting the roses red.
Q　I was sitting on the river bank.

4 주어(누가)가 사라지면?

35:35　**관련 단원** 미드천사: 왕초보 패턴 9단원 / 생활영어 회화천사: 5형식/준동사 26단원 / 영화영작: 기본패턴 16단원

애벌레가 함부로 말해서, 앨리스는 마음이 상합니다. 그래서 멀리 떠나는데요. 벌레는 멀리 떨어져 있는 앨리스에게 꼭 해줄 말이 있다면서 호기심을 자극합니다. 그리고 먼 길을 돌아온 앨리스에게 '성질 좀 죽여'라고 해서 오히려 더 화를 돋우는데요. 사실 성질을 죽여야 할 것은 앨리스가 아니라 애벌레입니다. 분노 장애가 심하거든요.

Keep your temper.
　　　　유지해라/　　너의　　　　성질을

시키는 말을 할 때는 '주어(누가)'를 빼고 말합니다. You keep your temper.에서 You가 생략됐다고 볼 수 있습니다. 여기서 동사(keep)은 원래의 형태로만 써야 합니다. 변형된 형태(to keep, keeping, kept)를 쓰면 안 됩니다. 마찬가지로 be동사도 원래의 형태로만 씁니다. '조용히 해라'는 Be quiet입니다. 그리고 부정문(p.34)은 앞에 Don't를 붙이면 됩니다. '성질 좀 죽이지 마라'는 Don't keep your temper입니다.

drink [driŋk] 마시다　　go away [goʊ əˈweɪ] (멀리) 가다　　serpent [ˈsɜːpənt] (큰) 뱀
have [hæv] 가지다　　tea [tiː] (마시는) 차　　indeed [ɪnˈdiːd] 정말로
wake up [weɪk ʌp] 깨어나다　　get [get] 생기다　　jam [dʒæm] 잼

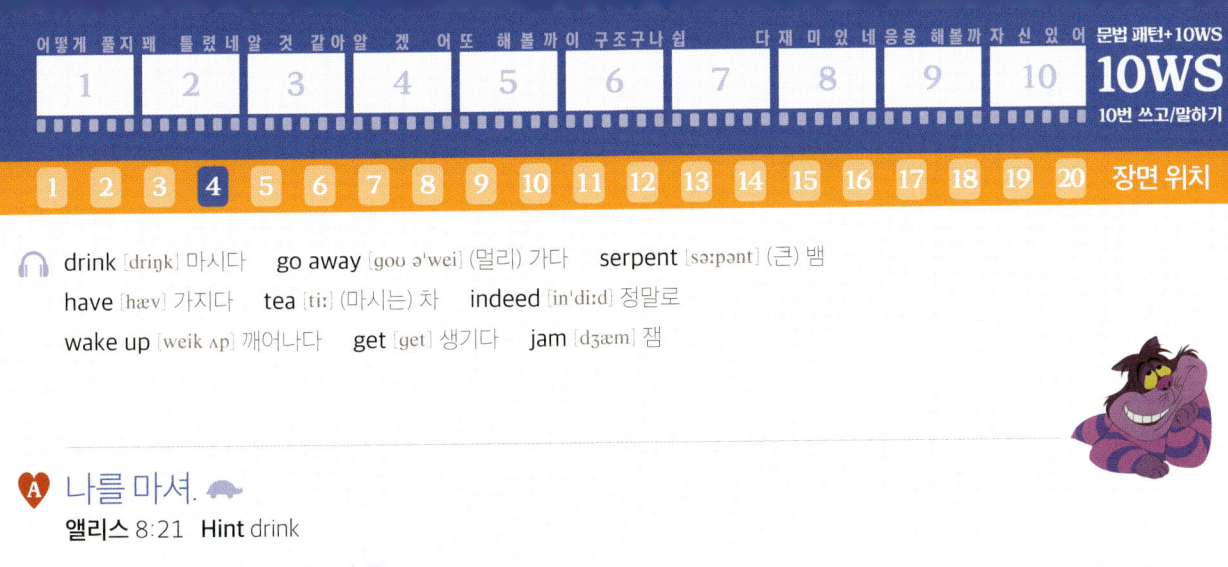

A 나를 마셔.
앨리스 8:21　Hint drink

_____ _____.

장면 잠긴 작은 문 앞에서 발견한 특이한 맛의 음료수. 처음으로 몸이 거대해진다.

2 멀리 가라, 뱀아.
새 37:17

_____ away serpent!

장면 앨리스가 알을 먹는다고 하자. 자신이 낳은 알을 먹을까봐.

3 차 한 잔을 정말로 가져(마셔)!
앨리스 47:41　Hint cup, have

_____ _____ _____ of tea indeed!

장면 차를 줄 것처럼 하면서 계속 못 마시게 하자 화나서.

K 앨리스, 깨어나!
앨리스 1:13:21　Hint wake

_____, _____ up!

장면 여왕과 병사들에게 쫓기는 꿈속의 앨리스가 현실의 앨리스에게.

Q 나에게 그 잼을 생기게 해.
모자장수 1:10:27　Hint get, jam

_____ me _____ _____.

장면 여왕 앞에서 고양이 때문에 놀란 들쥐를 진정시키기 위해.

A Drink me.
2 Go away, serpent!
3 Have a cup of tea indeed!
K Alice, wake up!
Q Get me the jam.

정답

5 한 문장에 동사가 2개 나온 이유

1:02:40　**관련 단원** 미드천사: 기초회화 패턴 6단원 / 생활영어 회화천사: 5형식/준동사 32~34단원 / 영화영작: 기본패턴 15단원

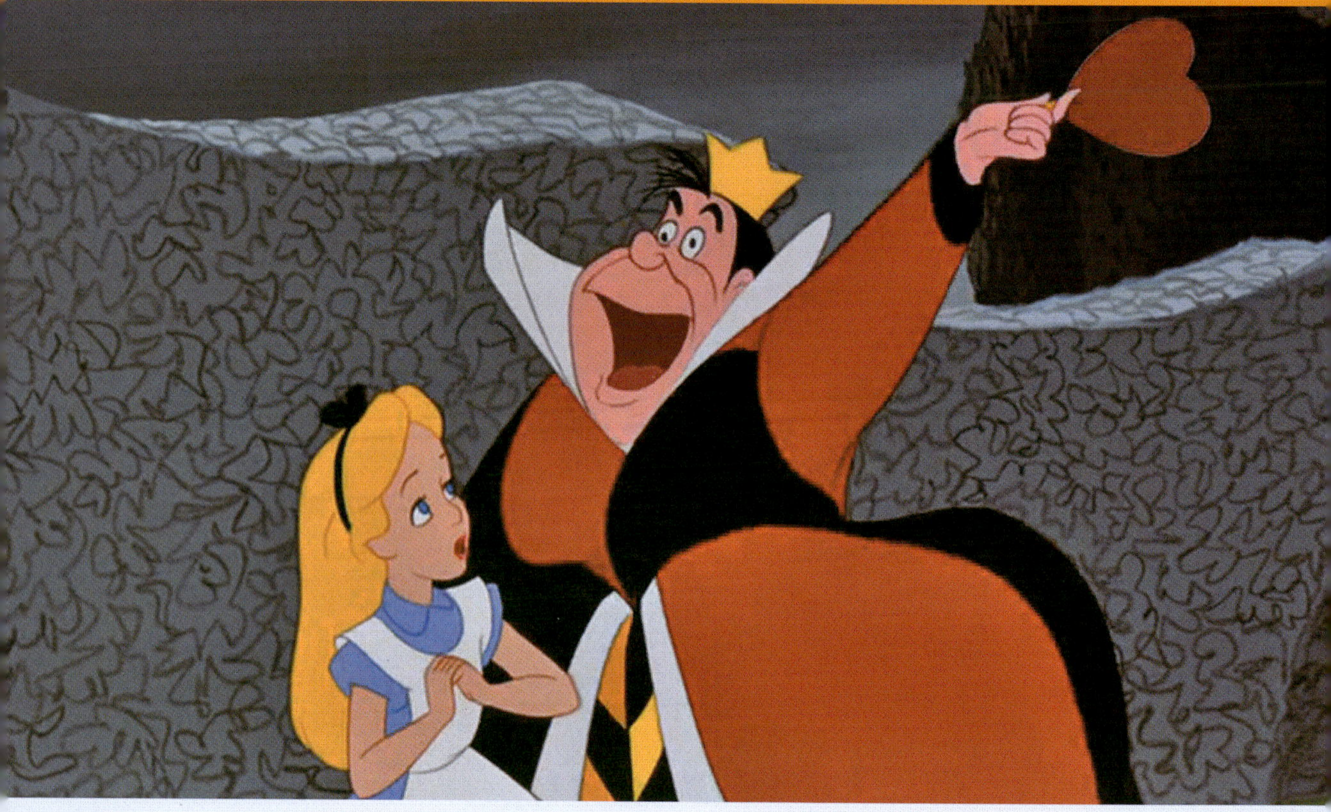

앨리스에게 크로케 게임을 '하고 싶니'라고 묻지도 않고, 앨리스가 할 줄 안다고 하자마자 게임을 시작해 버립니다. 이 상황에서 안 한다고 할 수도 없어서 억지로 끌려가는데요. 생각해 보면 애벌레 앞에서 암송할 때도, 꽃과 함께 노래할 때도 자의로 했다기보다 항상 거의 강제로 하게 됩니다. 현실의 꿈속에서도 거의 의지가 없다는 점에서 꿈과 비슷하다고 생각했습니다. 꿈을 경험할 때는 자신이 원하는 대로 이야기를 이끌어 갈 수 없습니다. 마치 스토리는 정해져 있고, 저는 그 안에서 연기할 뿐인 것 같습니다. 어쩌면 꿈이 아닌 현실에서도 개개인에게 큰 스토리는 태어나기 전부터 정해져 있지 않을까요?

 **Let the game begin!**
　　　　　허락해라/　그　게임이　시작하도록

'누가-한다-무엇을' 이후에 '무엇을'을 설명하는 말을 쓰는 구조를 5형식이라고 합니다. 예문(그 게임이 시작하도록 허락해라)에서 the game을 설명하는 말이 begin입니다. 명령문이므로 You가 생략됐습니다. 구조는 'You(누가)-let(한다)-the game(무엇이)-begin(어떻게)'입니다. 어떻게에 동사(begin)을 썼는데요. 이렇게 동사를 쓸 수 있는 '한다(예문에서는 let)'는 3가지(let, have, make)만 있습니다. help는 특이하게 toV가 아니라 동사 원형이 오는 경우도 있기는 합니다. 그리고 get은 '어떻게' 부분에 동사원형을 쓸 수 없습니다.

동사가 아니라 형용사나 명사도 쓸 수 있는데요. 예를 들면, I make him happy.는 '나는 그를 행복하게 만든다'인데, 구조는 I(누가)-make(한다)-him(무엇이)-happy(어떻게)입니다.

let [let] 허락하다   trial [traiəl] 재판   begin [bi'gin] 시작하다   see [siː] 보다
waiting [weitiŋ] 기다림   curious [kjuriəs] 호기심 많은   like [laik] 좋아하다
red [red] 붉은색(인)   would [wud] ~하려고 한다   call [kɔːl] 부르다
genus [dʒiːnəs] 종   humanus [huː'maːnus] 사람의(라틴어)

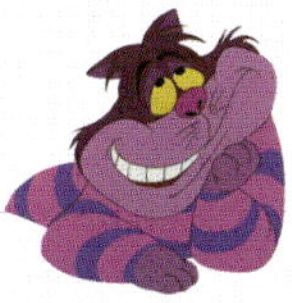

A 그 재판이 시작하게 하자.
여왕 1:07:04 **Hint** trial, begin

한다 ____ 무엇이 ____ 무엇이 ____ 어떻게 ____.

장면 앨리스를 바로 죽이려고 했지만, 왕이 재판을 받게하면 어떻겠냐고 제안하자.

2 우리가 보도록 하자
앨리스 38:31 **Hint** let, see

한다+무엇이 ____ 어떻게 ____.

장면 숲속의 표지판 앞에서.
문법 let us를 줄여서 let's로 쓴다.

3 그 기다림은 나를 호기심이 많게 만들어요.
앨리스 54:51 **Hint** waiting, curious

누가 ____ 누가 ____ 한다 ____ 무엇이 ____ 어떻게 ____.

장면 자신을 되돌아보며 반성하는 노래에서.

K 그녀는 그것들이 붉은 것을 좋아해.
병사들 58:20 **Hint** like, red

누가 ____ 한다 ____ 무엇이 ____ 어떻게 ____.

장면 장미를 붉게 칠하며 부르는 노래에서.

Q 당신들은 저를 한 인간 종의, 음.. 앨리스라고 부르세요.
앨리스 30:22 **Hint** call

누가 ____ 'd 한다 ____ 무엇이 ____

a genus humanus, uh... 어떻게 ____.

장면 꽃들이 앨리스의 출신을 궁금해 하자.

정답

A Let the trial begin.
2 Let's see.
3 The waiting makes me curious.
K She likes them red.
Q You'd call me
a genus humanus, uh... Alice.

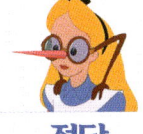

6 will은 미래가 아니라고?

24:33 **관련 단원** 아빠표 영어 8단 / 미드천사: 왕초보 패턴 5단원, 기초회화패턴 2단원 / 생활영어 회화천사: 조동사/의문문 / 영화영작: 기본패턴 5단원

도도가 파이프 담배를 피우다가 손을 덥니다. 그것을 계기로 떠오른 생각이 최선의 방법이라고 믿는데요. 그것은 집을 태워버려 괴물(앨리스)을 없애 버리는 것입니다. 이것을 집주인인 토끼의 의견을 무시하고 바로 실행에 옮깁니다. 행동하기 전에 너무 뜸을 들여도 문제지만, 이처럼 생각 없이 급하게 움직이는 것은 더 큰 문제를 일으킬 수 있습니다.

 **문법**

We'll burn the house down.

우리는   태울 것이다/   그   집을   아래로 (무너지게)

우리는 그 집을 '태운다'는 We burn the house입니다. 우리는 그 집을 태울 '것이다'를 말하고 싶다면 '누가-한다-무엇을'에서 '한다'를 꾸미는 말을 써야 하는데요. will을 써서 We will burn the house로 쓸 수 있습니다. 이처럼 '누가-한다-무엇을'에서 '한다'를 꾸미는 말을 '조동사'라고 합니다.

will은 미래를 말하는 것이 아니라 '현재의 의지'를 말하는 것입니다. 해석은 '~할 것이다'입니다. can의 의미는 '현재의 가능성'을 말하는데요. 해석은 '~할 수 있다'입니다. can 역시 미래시제라고 부르지는 않지만 그 일이 벌어지는 것은 현재가 아니라 곧 있을 미래인 경우가 많습니다. '~해야 한다'는 여러 가지가 있는데요. have to(주로 남이 생각한 의무 '~해야 할 이유가 있다'), must(주로 자신이 생각한 의무 '~해야만 한다'), should(소신 '내 생각에는 ~해야 한다'), ought to(소신, 조언), had better(충고) 등이 있습니다.

will [wil] ~할 것이다(의지)   can [kæn] ~할 수 있다(가능)   ask [æsk] 묻다
question [kwestʃən] 질문   someone [sʌmwʌn] 누군가   lose [luːz] 잃다
head [hed] 머리   learn [ləːrn] 배우다   a lot of [ə lɑːt ʌv] 많은   things [θiŋz] ~것들
flower [flaʊər] 꽃   famous [feiməs] 유명한   mad [mæd] 미친   simply [simpli] 단순히

A 내가 그 질문들을 물어볼 거야!
여왕 1:02:33 Hint question, ask

장면 ask(묻다)는 단어를 듣자마자 앨리스의 말을 끊고.

2 누군가 그의 머리를 잃을 것이다.
여왕 1:01:05 Hint head, lose

장면 장미를 붉게 칠한 것을 발견하고.

3 당신은 그 꽃들로부터 많은 것을 배울 수 있어요.
앨리스 31:42 Hint flower, learn

_____ _____ _____ a lot of _____

from the flowers.

장면 꽃들에게 호되게 당한 뒤에.

K 너는 유명해질 수 있어.
도도 23:43 Hint famous

장면 빌이 앨리스를 처치하도록 꼬시기 위해

Q 그녀는 너에 대해 미칠(미치도록 좋아할) 것이야, (실은) 말 그대로 미쳤지.
고양이 56:50 Hint mad

_____ _____ _____ _____ about you,

simply mad.

장면 앨리스가 여왕을 못 만났다고 하자.

A I'll ask the questions!
2 Someone will lose his head.
3 You can learn a lot of things from the flowers.
K You can be famous.
Q She'll be mad about you, simply mad.

7 would의 쉬운 해석 비법

14:58 관련 단원 미드천사: 기초회화 패턴 2단원 / 생활영어 회화천사: 조동사/의문문 46단원 / 영화영작: 기본패턴 5단원

쌍둥이들은 앨리스와 놀고 싶습니다. 하지만 앨리스는 토끼를 쫓느라 빨리 떠나려고 하는데요. 쌍둥이들은 앨리스가 호기심이 많은 것을 눈치채고, 굴들도 호기심이 많아서 안 좋은 일이 있었다고 합니다. 그러자 앨리스는 어떤 안 좋은 일이 있었는지 궁금해져서 '시간을 할애할 수 있다'고 합니다. 그러자 쌍둥이들은 신나서 이야기합니다. 이처럼 재미가 있게 말하고, 글 쓰는 비결은 '호기심을 자극하는 것'이라고 생각합니다.

문법 I could spare a little time.
나는 할애할 수도 있다/ 조금의 시간을

앨리스가 시간을 할애하는 것은 과거가 아니라 곧 있을 '미래'를 의미합니다. 과거의 조동사는 주로 과거를 의미하지 않습니다. 대부분은 '현재나 미래'를 의미합니다. 다만 현재의 조동사보다 의미가 약해집니다. could는 can을 약하게 해서 씁니다. can이 '~할 수 있다'라면, could는 '~할 수도 있다'로 해석합니다. can spare는 '할애할 수 있다'라면 could spare는 '할애할 수도 있다'입니다. 마찬가지로 will이 '~할 것이다'라는 현재의 의지라면, would는 '~하려고 한다' 또는 '~할 것 같다'로 현재의 약한 의지입니다.

조동사가 과거를 의미하려면 과거인 시간부사(yesterday, in the past 등)나 과거인 동사를 쓴 문장이 계속해서 나온다면 조동사가 과거를 의미할 수도 있습니다.

문법 패턴+10WS
10WS 10번 쓰고/말하기

장면 위치

could [kʊd] ~할 수도있다 would [wʊd] ~하려고 한다, ~할 것 같다 a few [ə fjuː] (수가) 2~3개인
things [θɪŋz] ~것들 about [əˈbaʊt] ~에 대해 manner [ˈmænər] 예의 find [faɪnd] 찾다
one [wʌn] 어떤 것, 어떤 사람 sooner [ˈsuːnər] 더 이르게 or [ɔːr] 또는 later [ˈleɪtər] 더 늦게
be [bi] 상태나 모습이다 just [dʒʌst] 딱, 단지 like [laɪk] ~같은, 좋아하다 people [ˈpiːpl] 사람들
at least [æt liːst] 적어도 polite [pəˈlaɪt] 예의바른 conversation [ˌkɑːnvərˈseɪʃn] 대화

A 그들은 예의에 대해 몇 가지 것들을 배울 수도 있을거야.
앨리스 31:46 Hint things, learn

누가 ___ 하다 ___ 한다 ___ a few ___ 무엇을

about manners.

장면 예의 없는 꽃들에게 호되게 당한 뒤에.

2 나는 나중에(더 일찍 혹은 더 늦게) 하나를 찾을 것 같아.
앨리스 53:20 Hint find, one

누가 ___ 하다 ___ 한다 ___ 무엇을 ___ sooner or later.

장면 숲에서 길을 잃었는데, 길이 나타났을 때.

3 저것은 아주 좋을 것 같아요.
앨리스 43:05 Hint nice

누가 ___ 상태모습 ___ 상태모습 ___ very ___ 어떤 ___.

장면 3월 토끼가 차 한 잔 하라고 권했을 때, 정중히 거절하기 위해.

K 다이나, 너는 딱 사람들과 비슷할 것 같아.
앨리스 3:23 Hint people

누가 ___ 상태모습 ___ 상태모습 ___ just like ___ 어떤 ___, Dinah.

장면 앨리스 만의 이상한 나라에서는 말이야.

Q 너는 적어도 예의바른 대화를 만들 수도 있어.
3월 토끼 47:02 Hint polite, conversation

누가 ___ 하다 ___ at least ___ 한다 ___
___ 무엇을 ___ 무엇을 ___.

장면 차를 주는 척하면서 계속 안 주고, 차를 마시고 싶다고 말하는데, 오히려 차가 싫으면 안 마셔도 된다며.

A They could learn a few things about manners.
2 I would find one sooner or later.
3 That would be very nice.
K You would be just like people, Dinah.
Q You could at least make polite conversation.

정답

8 have+과거분사는 과거일까 현재일까?

50:05 관련 단원 미드천사: 왕초보 패턴 / 생활영어 회화천사: 조동사/의문문 44단원 / 영화영작: 기본패턴 17단원

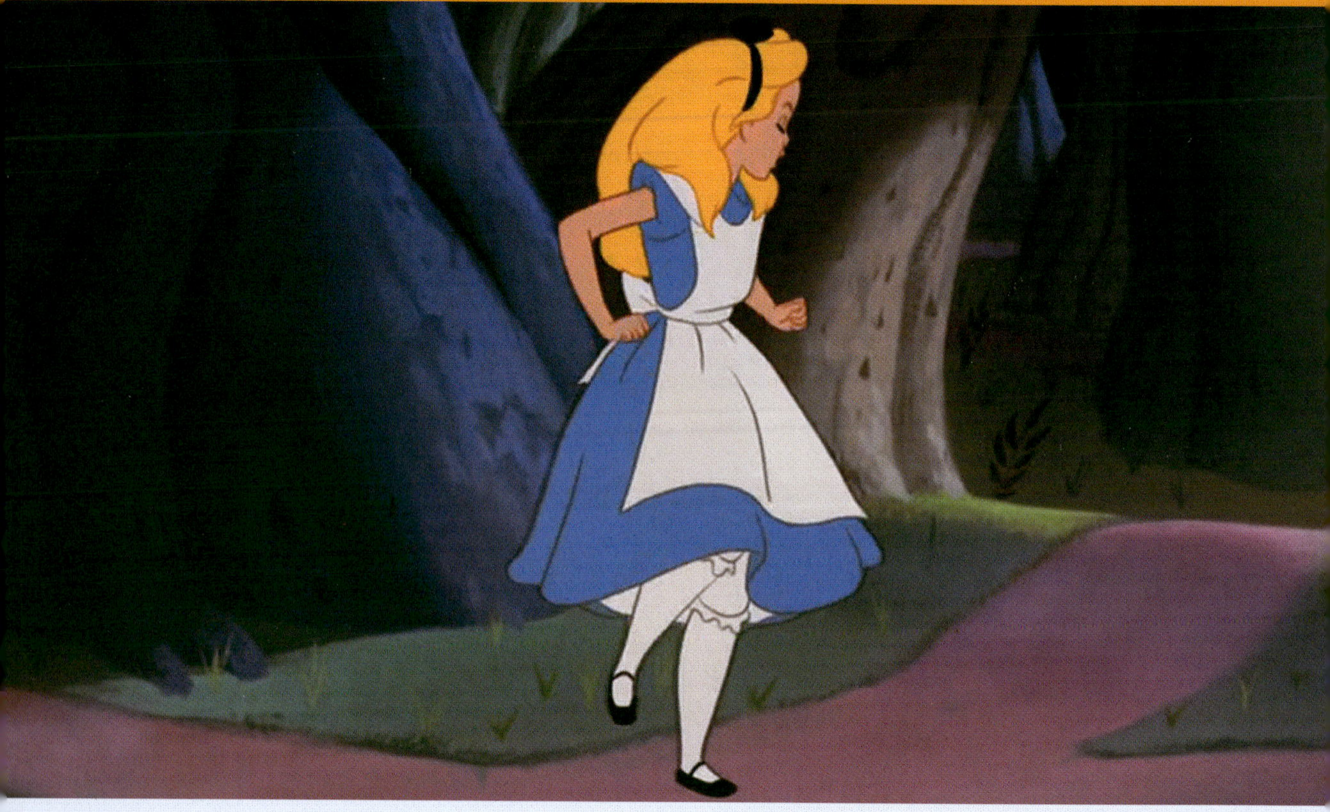

 차 파티에 갔다가 차는 못 마시고, 호된 꼴만 당한 앨리스가 화나서 땅을 발로 구르며 '말도 안 되는 일은 충분히 가졌다.'라고 말합니다. 초반부에는 '말도 안 되는 것'은 재미있는 자신만의 세상이라고 했는데, 더 이상 재미있지 않은가 봅니다. 상당히 많은 일의 모습이 실제로 경험하면 다른 경우가 많습니다. 취미로 했을 때 재미있었던 일도 직업으로 갖게 되면 싫어지는 경우도 많습니다. 사람 욕심에 100% 만족은 없기에, 어떠한 상황에서든 가능한 한 좋은 부분을 더 보려고 하는 것이 자신을 위해 좋습니다. 모든 일은 나름의 재미가 있거든요.

 I've had enough nonsense.
나는 (과거에 가져서) 현재 가진 상태이다 / 충분한   말도 안되는 것을

말도 안 되는 일(nonsense)이 있었던 것은 과거지만, 과거에 관심이 있는 것이 아니라, 그 일을 경험한 현재에 관심이 있는 것을 '현재완료'라고 합니다. 굳이 따지자면 의미상은 과거, 문법상은 현재로 구분합니다. 해석은 '과거에 ~해서, 현재 ~한 상태이다'로 합니다. 한국어에는 없는 개념이다 보니 조금 어려울 수도 있습니다.

'과거(동사+ed)'가 이미 존재하기 때문에 현재완료는 많이 쓰이지는 않습니다. 다만 이것을 응용해서 과거보다 이전의 일을 나타내거나 가정할(p.48) 때는 과거완료를 쓸 수 있습니다. had+과거분사 형태로 씁니다.

문법 패턴 + 10WS
10WS 10번 쓰고/말하기

time [taim] 때, 시간   **come** [kʌm] 오다   **change** [tʃeindʒ] 바뀌다   **so** [soʊ] 아주
many [meni] 많은   **times** [taimz] 여러번   **improve** [imˈpruːv] 개선하다
got [gát] 생겼다(get의 과거)   **key** [kiː] 열쇠, 핵심
been [bin] 상태나 모습이다(am, are, is, be의 과거분사)   **visit** [vizit] 방문(하다)

A 그 때가 (과거에 와서 현재) 온 상태이다.
바다표범 15:57   Hint time

_____ _____ has _____.

장면 목수가 '일' 얘기를 꺼내자, 그 기회를 놓치지 않고.

2 나는 너무 많은 횟수만큼 (과거에 바뀌어서 현재) 바뀐 상태이다.
앨리스 32:45   Hint change

_____ _____ so many times.

장면 앨리스가 애벌레에게 자신을 소개하지 못하는 이유.

3 내가 그것을 (과거에 더 낫게 고쳐서 현재) 고친 상태이다.
애벌레 34:37   Hint improve

_____ _____ _____ _____.

장면 앨리스가 처음 들어본 시라고 하자.

K 너는 그 열쇠가 (과거에 생겨서 현재) 생긴 상태이다.
문 9:07   Hint key, get

_____ _____ _____ _____.

장면 겨우 작아진 앨리스에게 당연히 열쇠가 있을 것이라 믿고.

Q 그것은 (과거에 정말 좋은 한 방문이여서 현재) 방문한 적이 있는 상태이다.
앨리스 20:23   Hint visit, be

_____ _____
_____ very _____ _____.

장면 빨리 쌍둥이를 떠나 토끼를 찾고 싶어서 인사말을 꺼내기 위해.

A The time has come.
2 I've changed so many times.
3 I have improved it.
K You've got the key.
Q It's been a very nice visit.

정답

9 not과 no의 차이

56:28 관련 단원 아빠표 영어 9단 / 미드천사: 왕초보 패턴 3,4,5단원 / 생활영어 회화천사: 5형식/준동사 56,57단원 / 영화영작: 기본패턴 2단원

앨리스는 숲에서 길을 잃어버립니다. 고양이에게 '집에 가는 길을 찾을 수 없다'고 하자, 고양이는 '길을 찾을 수 없는 이유는 모든 길은 여왕의 길이기 때문이다'라는 이상한 말을 합니다. 그 말 때문에 앨리스는 집에 가고 싶은 마음보다 여왕을 만나고 싶은 마음이 커집니다. 대부분의 사람들은 인생에서 길을 찾지 못해 방황하지만, 그 안에서도 하나님께서 모든 사람들을 인도하고 계시다고 생각합니다. 바른 뜻을 갖고 꾸준히 나아가면, 어느 순간 자신의 사명(인생의 목적, 세상에서의 역할)을 갖게 되고, 더 행복한 삶을 살게 되리라 믿습니다. 지금의 제 사명은 보고 계신 영어책입니다. 모든 독자분들이 더 쉽고, 재미있고, 빠르게 영어를 배우고, 더불어 지혜롭고 행복한 삶을 살게 됐으면 좋겠습니다. 그래서 더 좋은 세상이 되기를 바랍니다.

문법  I can't find my way.
나는   찾을 수 없다   나의   길을

'찾을 수 있다'는 can find지만, '찾을 수 없다'는 can not find입니다. can not을 줄여서 can't로 씁니다. 조동사(will, can, may, shall, must 등)에 not을 붙이면 '~하지 않는다'를 의미합니다.

no는 '명사(사람이나 사물의 이름)'에만 쓸 수 있습니다. no way, no food 같은 식으로요. 하지만 not은 대부분의 단어에 쓸 수 있습니다. not only, not to go 등. 위에서(can not)는 동사(find)를 꾸며야 하므로 no는 쓸 수 없고, not만 쓸 수 있습니다.

9

- flower [flauər] 꽃
- can't [kænt] ~할 수 없다
- talk [tɔːk] 말하다
- don't [dount] ~하지 않는다
- want [wɔːnt] 원하다
- weed [wiːd] 잡초
- our [auər] 우리의
- bed [bed] 화단
- quite [kwait] 상당히
- understand [ʌndəˈstænd] 이해하다
- egg [eg] 알, 계란
- either [iːðə(r);aiðər] ~도 (하지 않는다)
- help [help] 돕다

A 꽃들은 말할 수 없어.
앨리스 26:52 Hint talk, flower

____누가____ ____한다____ ____한다____ .

장면 뒤에서 누군가 말한 것을 듣고 돌아 봤는데 꽃밖에 없어서.

2 우리는 우리의 화단에 잡초들을 원하지 않아.
팬지 31:15 Hint weed

____누가____ ____한다____ ____한다____ ____무엇을____ in our bed.

장면 앨리스를 화단 밖으로 쫓아내며.

3 하지만 저는 상당히 이해하지 못해요.
앨리스 43:22 Hint understand

But ____누가____ ____한다____ quite ____한다____ .

장면 생일 아닌 날을 기념한다고 하자.

K 너도 알들을 먹지 않는구나.
새 37:37 Hint egg

____누가____ ____한다____ ____한다____ ____무엇을____ , either.

장면 앨리스는 뱀이 아니니 당연히 알도 먹지 않을 것이라 생각하며.

Q 너는 저것을 도울 수 없어(어찌할 방법이 없어).
고양이 41:05 Hint help

____누가____ ____한다____ ____한다____ ____무엇을____ .

장면 앨리스가 미친 사람들과는 어울리고 싶지 않다고 하자.

A Flowers can't talk.
2 We don't want weeds in our bed.
3 But I don't quite understand.
K You don't eat eggs, either.
Q You can't help that.

정답

10 be동사+not 연습

1:11:19 　관련 단원 아빠표 영어 9단 / 미드천사: 왕초보 패턴 7단원 / 생활영어 회화천사: 5형식/준동사 54,55단원 / 영화영작: 기본패턴 4단원

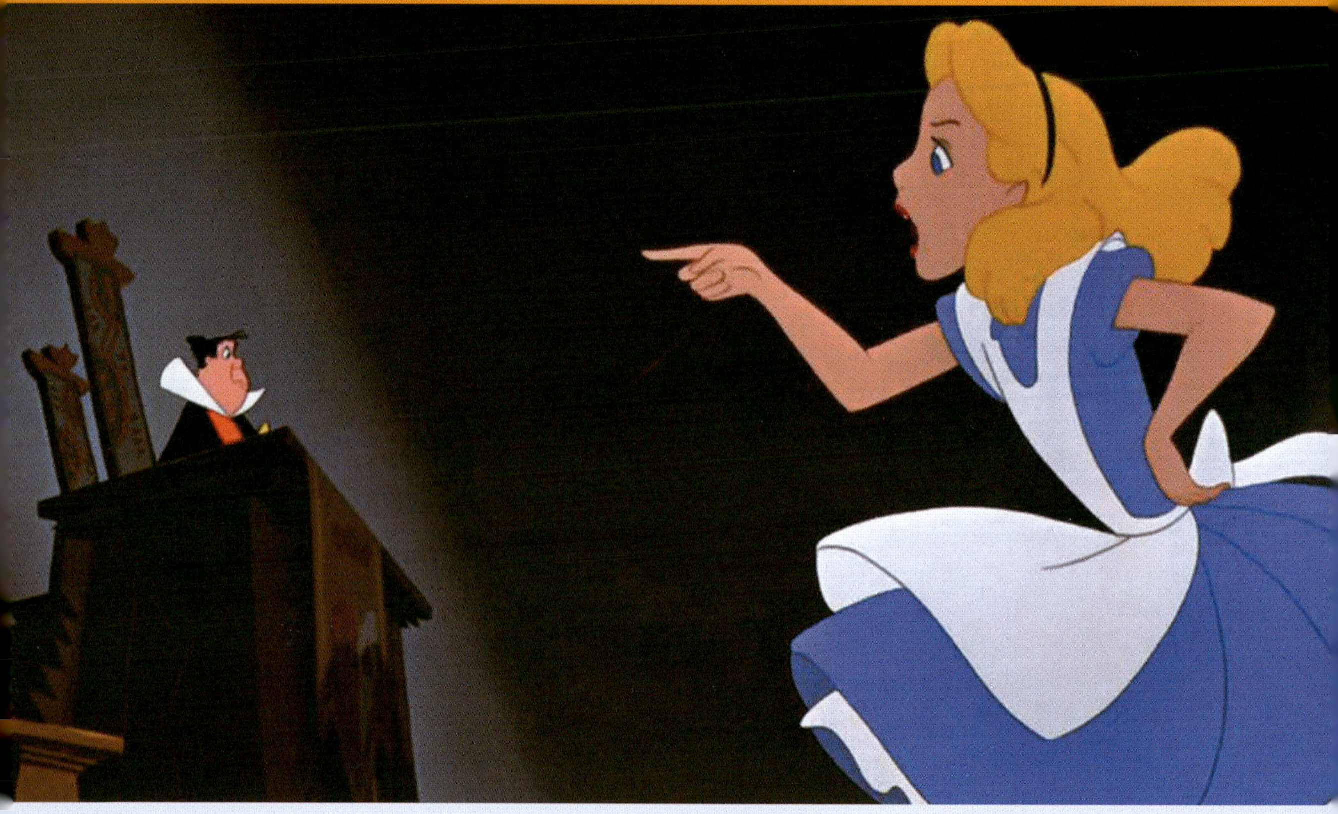

 거대해진 앨리스가 그동안 참아왔던 말을 쏟아냅니다. 그냥 '당신은 여왕이 아니다'라고 한 게 아니라, '뚱뚱하고, 심술궂고, 못된 성질의 늙은 독재자'라고 합니다. 재미있는 것은 앨리스가 커지는 버섯과 작아지는 버섯을 둘 다 먹었기 때문에, 이 말이 다 끝나기도 전에 크기가 작아집니다. 그래서 여왕이 '다시 말해보라'고 할 때 대답을 못 하는데요. 그때 고양이가 나타나서 앨리스가 한 말을 여왕에게 다시 전합니다. 이 장면이 통쾌하고, 웃겼지만, 한편으로는 앨리스가 불쌍했습니다.

 You're not a queen.
너는　상태모습이 아니다/　한　여왕인

상태나 모습에 관련된 말을 할 때는 be동사를 쓰는데요. be동사가 조동사 역할도 하므로, be동사 뒤에 바로 not을 붙이면 '아니라는 말'을 표현할 수 있습니다.

주어+be동사를 줄여 쓴 것처럼 be+not도 줄여 쓸 수 있습니다. are+not = aren't, is+not = isn't, 다만 am+not은 줄여 쓸 수 없습니다.

만약 You will be a queen처럼 조동사(will, can, may 등)이 들어간 상태에서 be동사를 쓴다면, 먼저 나온 조동사(will)에 붙이면 됩니다. You will not be a queen이나 You won't be a queen으로 쓸 수 있습니다.

serpent [sə:pənt] (큰) 뱀 birthday [bə:rθdei] 생일 afraid [ə'freid] 두려워 하다
monster [mɑ:nstər] 괴물 welcome [welkəm] 환영하다, 환영받는 mile [mail] 마일(1.609미터)
high [hai] 높이 leave [li:v] 남기고 떠나다

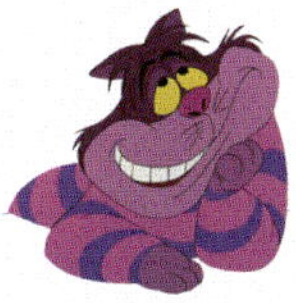

A 나는 한 뱀이 아니야.
앨리스 37:23 **Hint** serpent

누가+상태모습 ____ 상태모습 ____ 어떤 ____ 어떤 ____.

장면 뱀이라고 몰아세우는 새에게.

2 이것은 한 생일 파티가 아니야.
3월 토끼 43:12 **Hint** birthday

누가 ____ 상태모습 ____ 상태모습 ____
어떤 ____ 어떤 ____ 어떤 ____.

장면 들어는 봤어? 생일이 아닌 날 파티라고?

3 나는 당신들에 대해 두렵지 않아.
앨리스 1:10:55 **Hint** afraid

누가+상태모습 ____ 상태모습 ____ 어떤 ____ of you.

장면 커진 앨리스가 카드 병정들의 공격에 대해.

K 괴물들은 환영받지 않아.
도도 25:06 **Hint** monster, welcome

누가 ____ 상태모습 ____ 어떤 ____.

장면 불로 앨리스가 끼어있는 집을 태우려고 하면서.
문법 aren't는 are과 not을 줄여쓴 것이다.

Q 나는 1마일 높이가 아니야, 그래서 나는 떠나지 않는 중이지.
앨리스 1:11:08 **Hint** mile, leave

누가+상태모습 ____ 상태모습 ____ 어떤 ____ 어떤 ____ high,
and 누가+상태모습 ____ 상태모습 ____ 어떤 ____.

장면 커진 앨리스는 법령에 의해 법원에서 나가야 한다고 하자.

정답

A I'm not a serpent.
2 This is not a birthday party.
3 I'm not afraid of you.
K Monsters aren't welcome.
Q I'm not a mile high,
and I'm not leaving.

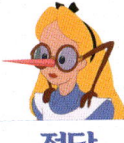

11 정말 많이 쓰는 문장 연결 that

30:46　관련 단원 미드천사: 기초회화 패턴 9단원 / 생활영어 회화천사: 조동사/의문문 33단원 / 영화영작: 기본패턴 12단원

앨리스가 노래할 때 실수해서 꽃들은 앨리스를 왕따 시킵니다. 특히 앨리스의 외모 가지고 나쁜 말을 쏟아내는데요. 그 사이에서 반대 의견을 당당하게 밝히는 장미 꽃봉오리가 있습니다. 물론 바로 무시당하지요. 하지만 무시 당하더라도 저렇게 의견을 낼 수 있는 용기가 필요하다고 생각합니다. 그런 의견이 모여야 세상이 바뀌니까요.

 I think (that) she's pretty.
나는　생각한다 / (that) 그녀는　　예쁘다고

I think that으로 내가 생각하고 있는 것을 that~의 문장(예문에서는 she's pretty)으로 표현할 수 있습니다. 그동안은 '누가-한다-무엇을'에서 '무엇을'은 한 단어만 나왔지만, 단어 대신 'that'을 쓰면 문장으로 '무엇을'을 쓸 수 있습니다. 영어 회화에서 아주 많이 쓰는 문장 구조입니다.

모든 동사를 다 이 구조로 쓸 수 있는 것은 아니고, 많이 쓰는 동사는 정해져 있습니다. I know that, I think that, I suppose that 등. 예를 들어, I want that~ 이런 구조는 쓰지 않습니다. want는 '무엇을(목적어)'로 that을 받는 동사가 아니기 때문입니다.

어휘

think [θiŋk] 생각하다　　shall [ʃəl] ~해라　　visit [vizit] 방문(하다)
so [sou] 아주　　funny [fʌni] 웃기는　　suppose [səˈpouz] 예상하다　　egg [eg] 알, 계란
say [sei] 말하다　　rude [ruːd] 무례한　　simply [simpli] 단순히　　said [sed] 말했다 (say의 과거)
fat [fæt] 뚱뚱한　　old [ould] 늙은　　tyrant [taiərənt] 독재자

A 나는 생각해/ 내가 그에게 방문해야만 한다고.
앨리스 40:56　**Hint** think, visit, shall

___누가___　___한다___　　　/(that)
___누가___　___한다___　___한다___　___무엇을___.

장면 미친 사람들과 어울리기 싫어하는 앨리스에게 고양이가 미친 모자장수 말고 3월 토끼가 있다고 말하자.

2 나는 생각하지 않아/ 그것이 아주 웃기다고.
앨리스 9:45　**Hint** funny

___누가___　___한다___　___한다___　/(that)
___누가+상태모습___　so ___어떤___.

장면 쿠키를 조금 먹었다고 거대해졌다고 문이 앨리스에게 장난을 쳤다가.

3 나는 예상해/ 너도 알들을 먹지 않는다고.
새 37:37　**Hint** suppose, egg

___누가___　___한다___　/(that)
___누가___　___한다___　___한다___　___무엇을___, either.

장면 앨리스가 자신은 뱀이 아니라고 하자.

K 나는 말할 거야/ 그것이 무례하다고.
모자 장수 42:40　**Hint** will, rude

___누가___　___한다___　___한다___　/(that)
___누가+상태모습___　___어떤___.

장면 자리는 많이 있지만, 초대받지 않고 온 앨리스가 앉은 것에 대해.

Q 그녀는 단지 말했지/ 네가 뚱뚱한, 심술궂은, 못된-성질의 늙은 한 독재자라고.
고양이 1:11:36　**Hint** say, fat, tyrant

___누가___　simply ___한다___　that ___누가+상태모습___
___어떤___　___어떤___, pompous, bad-tempered old ___어떤___.

장면 다시 작아진 앨리스를 무시한 채 여왕을 자극하는 고양이.

A I think I shall visit him.
2 I don't think it's so funny.
3 I suppose you don't eat eggs, either.
K I will say it's rude.
Q She simply said that you're a fat, pompous, bad-tempered old tyrant.

12 전치사는 한글의 조사 역할

7:54   **관련 단원** 아빠표 영어 7단 / 미드천사: 기초회화 패턴 1단원 / 생활영어 회화천사: 조동사/의문문 1~13단원 / 영화영작: 기본패턴 6,7단원

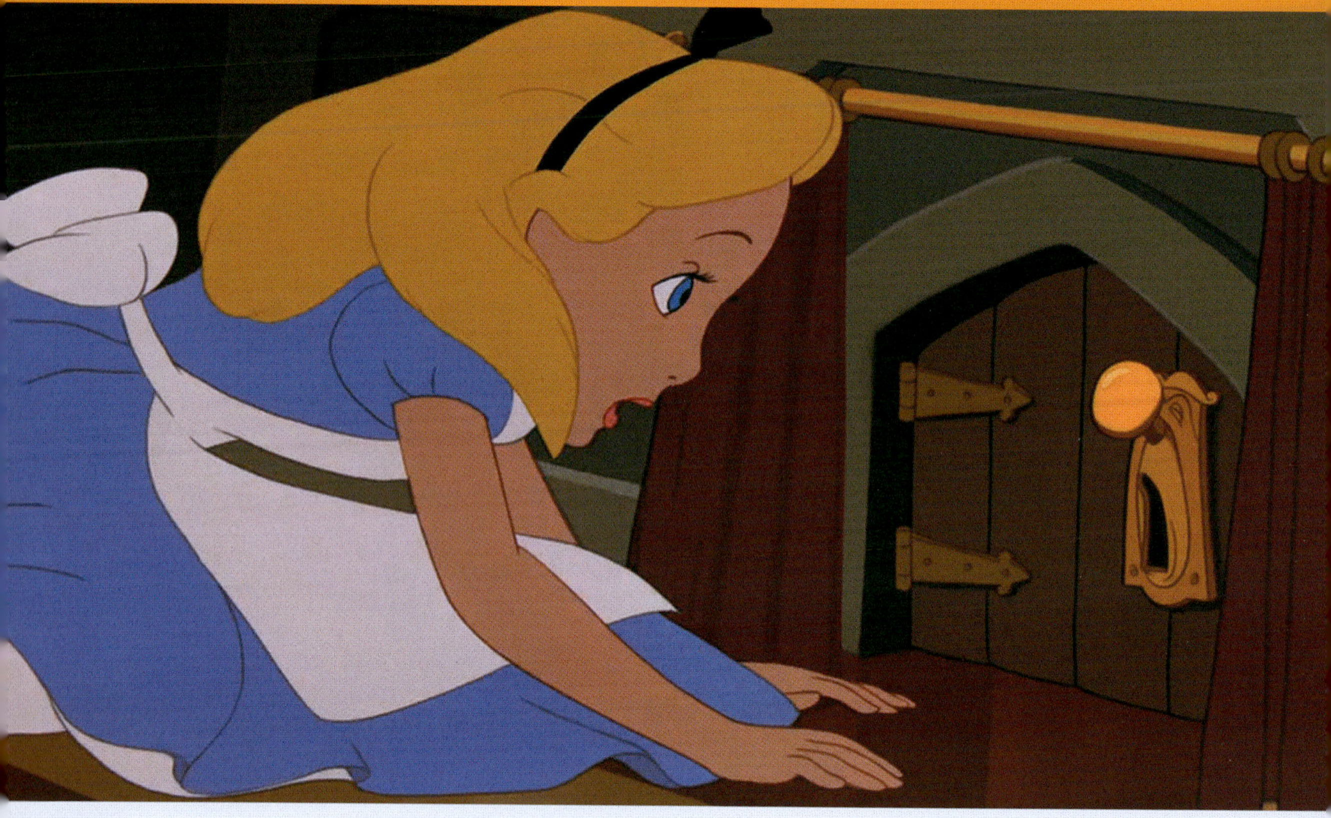

문이 도와줄 수 있는 것이 없냐고 묻자, 앨리스가 '하얀 토끼를 찾고 있어요'라고 합니다. 그리고 문의 열쇠 구멍으로 들여다보는데, 토끼가 보여서 문을 통과할 방법을 찾기 시작합니다. 그 과정에서 몸이 마음대로 커졌다 작아지는데요. 사실 우리의 몸은 크기가 빠르게 바뀔 수 없지만, 우리의 마음은 그렇게 변하고 있는 것은 아닐까요?

 **문법**

I'm looking for a white rabbit.
나는　　　보는 중이다/　　　한　하얀　　토끼를 위해

영어에서 '누가-한다-무엇을'까지는 '조사(-가,-을)'가 자동으로 붙는다고 말씀드렸는데요. '누가-한다-무엇을'이나 '누가-상태모습-어떤'이 끝나고 '조사'를 쓰고 싶을 때는 전치사(위에서는 for)를 써야만 합니다. 한국말과 달리, 항상 단어의 '앞'에 전치사를 붙여야 합니다. 그리고 동사마다 잘 붙는 전치사가 어느 정도 정해져 있습니다. look에는 주로 at이나 for를 붙입니다.

예문의 구조는 누가(I)-상태모습(am)-어떤(looking)의 구조인데요. a white rabbit이라는 명사를 쓰기 위해 앞에 for를 썼습니다. for는 '마음의 방향'을 나타내며, 해석은 주로 '~을 위해' 입니다. 그리고 이 단원에서 또 나오는 전치사는 on인데요. on은 '~에 닿아서' 입니다. on a white rabbit은 '하얀 토끼에 닿아서'를 의미합니다.

time [taim] 때, 시간   late [leit] 늦은   important [im'pɔːtnt] 중요한
date [deit] 약속, 날짜   put on [put ɔːn] 바르다, 입다   nose [nouz] 코   sit [sit] 앉다
river bank [rivər bæŋk] 강둑   bottle [bɑːtl] 병   try [trai] 시도하다   table [teibl] 탁자

A 그것은 시간이야/ 차를 위한(마실).
엄마 1:13:54   Hint time, tea

누가+상태모습   어떤   /   .

장면 앨리스가 잠에서 깨어 이상한 시를 암송하자.

2 나는 늦었어/ 아주 중요한 약속을 위해서.
토끼 5:12   Hint late, important, date

누가+상태모습   어떤   /

                              .

장면 토끼가 바쁘게 뛰어가며.

3 그것(잼)을 발라/ 그의 코에 닿아서.
3월 토끼 46:09   Hint put, nose

하다   무엇을   /   .

장면 고양이라는 말에 놀란 들쥐를 달래기 위해.

K 나는 앉아 있었어/ 다이나와 함께 그 강둑에 닿아서.
앨리스 45:49   Hint sit, river bank

누가   상태모습   어떤   /

                        with Dinah.

장면 무슨 일이 있었는지 처음부터 이야기 해달라고 하자.

Q 시도(먹어)해 봐/ 그 탁자에 닿은 그 병을.
문 8:12   Hint try, table, bottle

하다   /   무엇을   무엇을

                           .

장면 작은 문을 통과하고 싶은 앨리스에게.

A It's time for tea.
2 I'm late for a very important date.
3 Put it on his nose.
K I was sitting on the river bank with Dinah.
Q Try the bottle on the table.

13 제대로 알면 정말 쉬운 접속사

54:05 관련 단원 미드천사: 기초회화 패턴 7단원 / 생활영어 회화천사: 조동사/의문문 22,23,24단원 / 영화영작: 기본패턴 10단원

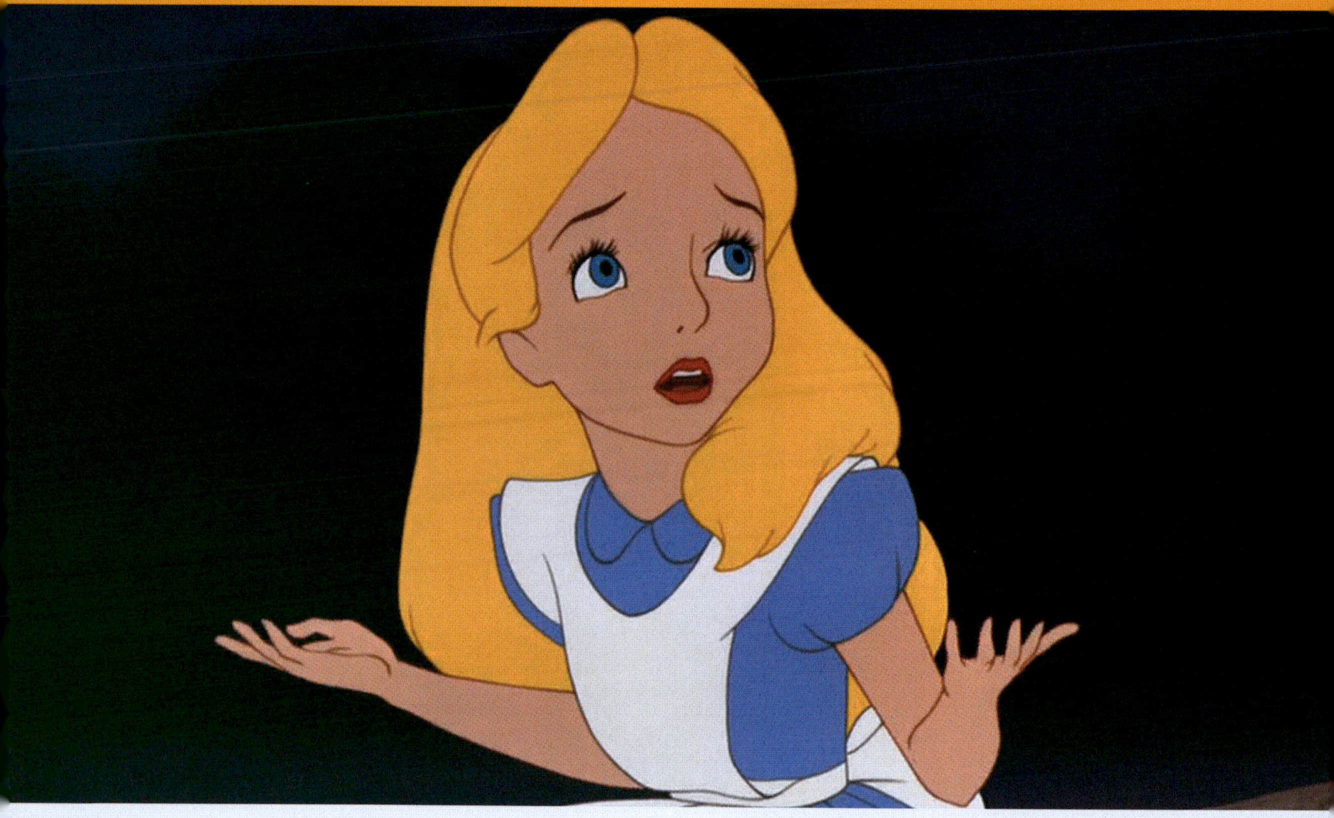

 앨리스가 길을 잃고 집에 돌아가고 싶을 때 떠올린 충고입니다. '길을 잃었을 때는, 누군가 당신을 찾을 때까지 그곳에서 기다려라'인데요. 아이가 길을 잃으면 다른 곳으로 움직이기보다는 그 자리에 있는 것이 맞습니다. 그런데 어른이 방향을 잃으면 어떻게 해야 할까요. 도와줄 누군가를 마냥 기다리기에는 인생이 너무 짧습니다. 저는 책도 읽고, 강연도 듣고, 사람들도 만나 어떻게든 해결책을 찾아보려고 합니다. 하지만 때로는 현재 하는 일이나 제대로 잘해보자 싶기도 합니다. 지금 하는 일을 열심히 하다 보면, 그런데도 방향이 잘못됐다면, 앨리스의 믿음처럼 누군가 알려줄 사람이 나타났으면 좋겠습니다.

 **When one's lost, stay where you are.**
~할 때 　　누군가　길을 잃었을(때), 머물러라　　그곳에　　네가　　있는

이전 단원에서 나온 전치사가 단어(명사)를 연결한다면, 접속사는 문장을 연결합니다. When이 one's lost를 stay where you are에 연결한 것입니다. 전치사가 명사 뒤에 붙어서 해석이 됐듯, 접속사는 '동사 뒤에 붙어서' 해석이 됩니다. When은 '~할 때'를 의미하는데요. When one's lost는 직역하면 '누군가가 (one) is(상태모습일 '때') lost(길을 잃은)'이 됩니다. 그리고 because는 '~하기 때문에'를 의미합니다. Because I was lost(내가 길을 잃었기 때문에), I stayed where I was(나는 내가 있는 곳에 머물렀다).

콤마(,)가 한 개 나오면 주로 뒤에 있는 내용이 앞으로 갔다는 뜻입니다. 예문의 원래 문장은 Stay where you are when one's lost. 입니다. 이 단원에서는 학습을 위해 뒤에 있는 내용을 앞에 썼습니다. 그래서 앨리스 영상에서 말하는 문장과 책에 써진 문장의 순서가 다를 수 있습니다.

어휘

- **lonely** [loonli] 외로운
- **when** [wen] ~할 때
- **would** [wəd] ~하려 하다
- **sit** [sit] 앉다
- **talk** [tɔːk] 말하다
- **because** [biˈkɔːz] ~하기 때문에
- **myself** [maiˈself] 내 자신을
- **explain** [ikˈsplein] 설명하다
- **get** [get] 생기다, 가다
- **shall** [ʃəl] ~해라
- **wonderland** [wʌndərlænd] 이상한 나라
- **way** [wei] 방법, 길
- **middle** [midl] 중간
- **odd** [ɑːd] 이상한
- **night** [nait] 밤

A 내가 외로울 때, 그들은 앉아서 저에게 말을 걸려고 할 거에요.
앨리스 3:58 Hint lonely, sit

_____ and talk to me.

장면 앨리스의 세계에서는 말하는 꽃들이 자신을 외롭지 않게 해줄 것이라며.

2 저는 제 자신(정신)이 아니기 때문에, 저는 스스로를 설명할 수 없어요.
앨리스 32:55 Hint myself, explain

_____

장면 에벌레가 앨리스에게 누군지 소개하라고 했을 때.

3 내가 집에 갔을 때, 이 장소에 대한 책을 써야만 해.
앨리스 51:18 Hint home, get, write, shall

_____ about this place.

장면 털지 숲에서 신기한 동물들을 많이 보고.

K 나의 세상이 한 이상한 나라일 것 같기 때문에, 그것은 저런 방식이 될 수도 있어요.
앨리스 4:36 Hint world, wonderland, way

_____ that _____.

Q 그것이 그 한밤중이었기 때문에, 이것은 이상했지요.
트위들 티/덤 15:24 Hint night, odd

_____ the middle of _____.

장면 바다표범와 목수의 이야기 도입부에서.

A When I'm lonely, they would sit and talk to me.
2 Because I'm not myself, I can't explain myself.
3 When I get home, I shall write a book about this place.
K Because my world would be a wonderland, it could be that way.
Q Because it was the middle of the night, this was odd.

14 영어가 자유로워지는 콤마(,) 사용법

10:11 관련 단원 영화영작: 기본패턴 11단원

앨리스가 몸이 커져서 밖으로 나갈 수 없게 됐다고 펑펑 울자 눈물바다가 생깁니다. 잠긴 문이 눈물바다에서 물을 내뱉으며 간신이 한 말이 '너, 거기 위에 (있는 아이), 멈춰!'입니다. 하지만 앨리스는 울음을 멈추지 못합니다. 결국 아까 마셨던 병을 다시 마시고 몸이 작아지자 울음을 멈춥니다.

 You, up there, stop!
　　　　　너,　　위에　거기 있는 (애),　멈춰!

예문에서 원래 문장은 You stop인데, You를 꾸며주는 말로 up there를 삽입했습니다. 이처럼 '누가-한다-무엇을' 중간에도 단어나 문장을 삽입할 수 있습니다. 하지만 꼭 삽입된 것을 알려주기 위해서 원칙은 앞뒤에 '**콤마(,)**'를 찍어야 합니다. 실제로 말할 때도 삽입된 것 앞뒤에서는 쉬어야 의미를 잘 전달할 수 있습니다.

콤마를 사용하면 영어 활용이 자유로워집니다. 이런 문장도 가능합니다.

I like, in the movie, Alilce.(나는 좋아한다/, 영화에 나오는, 앨리스를)

A girl, who has blonde hair, is Alice. (한 소녀는/, 금발 머리를 갖고 있는데, 앨리스라고 한다.)

I, at home, met Alice. (나는, 집에서, 만났다/ 앨리스를)

어떻게	풀지	패	틀렸네	알 것 같아	알 겠	어 또	해볼까	이 구조구나	쉽
1	2	3	4	5	6	7	8	9	10

다 재 미 있 네 응용 해볼까 자 신 있 어

문법 패턴+10WS

10WS 10번 쓰고/말하기

1 2 3 4 5 6 7 8 9 10 11 12 13 **14** 15 16 17 18 19 20   장면 위치

---

today [tə'dei] 오늘　　know [nou] 알다　　unbirthday [ʌnbə:θdei] 생일이 아닌 날
way [wei] 길, 방법　　see [si:] 봐서 알다　　queen [ɔ:n] 여왕　　first [fə:rst] 첫번째인, 먼저
thing [θiŋ] ~것들　　visit [vizit] 방문(하다)　　at least [æt li:st] 적어도
make [meik] 만들다　　polite [pəˈlait] 예의바른　　conversation [kɑ:nvər'seiʃn] 대화
time [taim] 때, 시간　　little [litl] 작은　　friend [frend] 친구　　food [fu:d] 음식

A 오늘은, 너도 알겠지만, 나의 생일 아닌 날이야.
　모자 장수 1:09:34　Hint unbirthday

　＿＿＿누가＿＿＿, you know, ＿상태모습＿ ＿＿어떤＿＿ ＿＿＿어떤＿＿＿.

장면 재판에서 증인으로 나왔을 때. 범죄가 벌어질 때 뭐하고 있었냐고 하자.

2 여기서 모든 길은, 너도 알듯, 그 여왕의 길이지.
　고양이 56:36　Hint queen, way, see

　＿＿누가＿＿ ＿＿누가＿＿ here, ＿＿누가＿＿ ＿＿한다＿＿,
　＿상태모습＿ ＿＿어떤＿＿ ＿＿어떤＿＿ ＿＿어떤＿＿.

장면 앨리스가 길을 찾지 못하는 이유에 대해.

3 그 첫번째 것은, 한 만남에서, 말해야 할...
　트위들 디/덤 13:53　Hint first, visit

　＿＿누가＿＿ ＿＿누가＿＿ ＿＿누가＿＿, in ＿＿＿＿＿＿＿＿＿,
　＿상태모습＿ to say...

장면 반갑다고 인사하고 악수부터 해야지. 앨리스가 빨리 떠나려고 하자.

K 너는, 적어도, 예의 바른 대화를 만들 수도 있어.
　3월 토끼 47:02　Hint at least, polite, conversation

　＿＿누가＿＿ could, ＿＿＿＿＿＿＿＿＿＿, ＿＿한다＿＿
　＿무엇을＿ ＿＿무엇을＿＿.

장면 앨리스가 차를 마시고 싶다는 말을 무시하고. 차 마시는 것 대신에 대화를 하라며.

Q 그 때가 (과거에 와서 현재) 온 상태이다, 내 작은 친구들이여,
    음식과 (여러가지) 것들에 대해 말할.
　바다표범 19:02　Hint time, little, friend, food

　＿＿누가＿＿ ＿＿누가＿＿ ＿＿한다＿＿ ＿＿한다＿＿,
　＿＿＿＿＿＿＿＿, to talk of ＿＿무엇을＿＿ and things.

A **Today**, you know, is my unbirthday.
2 **All ways** here, you see, are the queen's ways.
3 **The first thing**, in a visit, is to say...
K **You** could, at least, make polite conversation.
Q **The time has come**, my little friends, to talk of food and things.

45

15 미래에 실제로 일어난다면?

1:06:18 **관련 단원** 생활영어 회화천사: 조동사/의문문 48단원 / 영화영작: 기본패턴 20단원

앨리스가 혼잣말 하는 것을 보고, 여왕이 뭘 하고 있냐고 묻습니다. 실제로는 앨리스가 고양이와 대화했고, 고양이는 여왕의 눈을 피해 사라집니다. 여왕은 앨리스가 장난치는 것으로 알고 화나서 '내가 화나면, 너는 죽을 것이다'라고 경고합니다.

문법

If I lose my temper,
~한다면 내가 잃는(다면) 나의 이성을,

you (will) lose your head.
너는 잃는다(잃을 것이다)/ 너의 머리를

실제로 일어난 일은 아니지만 '혹시 어떤 일이 일어난다면'이라고 하는 것을 '가정법'이라고 합니다. 미래를 가정할 때는 '현재'로 씁니다. 그리고 진짜 하고 싶은 부분의 문장(주절)에서는 조동사(will, can, may)를 붙이는 것이 일반적입니다. 그래서 보통 If I lose my temper, you will lose your head로 씁니다.

보통 가정을 하면 현재나 과거의 일어나지 않은 일을 말합니다. 하지만 미래의 일은 실제로 일어날 수도 있는 일이기 때문에 이것을 가정법에 포함하지 않고, '조건문'이라고 따로 분류하기도 합니다.

그리고 앞서 조동사에 대해 잠깐 소개(p.28, 30)했는데요. 좀 더 소개하면, shall은 '명령'으로, 주로 '~해라'로 쓰입니다. shall의 과거형인 should는 의미가 약해져서 '~해야 한다'가 됩니다.

										문법 패턴+10WS
어떻게 풀지 패	틀렸네 알 것 같아 알	겠	어 또	해 볼까 이 구조 구나 쉽	다 재 미 있 네 응용	해 볼까 자 신 있 어				10WS
1	2	3	4	5	6	7	8	9	10	10번 쓰고/말하기

| 1 | 2 | 3 | 4 | 5 | 6 | 7 | 8 | 9 | 10 | 11 | 12 | 13 | 14 | **15** | 16 | 17 | 18 | 19 | 20 | 장면 위치 |

🎧 **If** [if] ~한다면   **think** [θiŋk] 생각하다   **alive** [əˈlaiv] 살아있는   **ought to** [ɔ́:t tu] ~해야 한다
speak [spi:k] 말하다   **should** [ʃəd] ~해야 한다   **talk** [tɔ:k] 말하다   **something** [sʌ́mθiŋ] 어떤 것
grow [grou] 자라다   **small** [smɔ:l] (크기가) 작은   **people** [pi:pl] 사람들
try [trai] 시도하다, 노력하다   **upset** [ʌpˈset] 화나게 하다   **ready** [redi] 준비된   **oyster** [ɔ́istər] 굴
dear [diːr] 사랑하는 사람(애칭)   **begin** [biˈgin] 시작하다   **feed** [fi:d] 식사, 먹이다

A 너는 우리가 살아있다고 생각한다면, 우리에게 말을 걸어야만 해. 🐢
트위들 디 13:37 Hint alive, speak

_____ you think (that) _____ 누가+상태모습 _____ 어떤 _____ ,
_____ 누가 _____ ought to _____ 한다 _____ to us.

장면 쌍둥이들이 앨리스와 처음 만났을 때.

2 네가 생각하지 않는다면, 너는 말하지 말아야 해. 🐢
3월 토끼 46:23 Hint think, talk

_____ 누가 _____ 한다 _____ 한다 _____ ,
_____ 누가 _____ shouldn't _____ 한다 _____ .

장면 앨리스가 (그렇게) 생각하지 않는다(동의하지 않는다)는 말을, 생각할 줄 모른다는 말로 받아들이고.

3 내가 어떤 것을 먹는다면, 그것은 나를 작게 자라게 만들 것이야. 🐢
앨리스 25:28 Hint will

_____ 누가 _____ 한다 _____ 무엇을 _____ ,
_____ 누가 _____ 한다 _____ 한다 _____ 무엇을 _____ grow small.

장면 토끼의 집에 끼었을 때 당근 밭에서 당근을 뽑으며.

K 이곳의 그 사람들이 저렇다면,
나는 그들을 화나게 하지 않도록 노력해야 한다. 🐢
앨리스 41:32 Hint people, try

_____ 누가 _____ 누가 _____ here _____ 상태모습 _____ like that,
_____ 누가 _____ must _____ 한다 _____ not to upset _____ 무엇을 _____ .

Q 너희들이 준비됐다면, 사랑하는, 굴들아, 우리는 그 식사를 시작할 수 있다. 🐢
바다표범 18:55 Hint ready, feed, begin

_____ 누가+상태모습 _____ 어떤 _____ , oysters, dear,
_____ 누가 _____ 한다 _____ 한다 _____ 무엇을 _____ 무엇을 _____ .

장면 식탁에서 굴과 둘러 앉았을 때.

A If you think we're alive, you ought to speak to us.
2 If you don't think, you shouldn't talk.
3 If I eat something, it will make me grow small.
K If the people here are like that, I must try not to upset them.
Q If you're ready, oysters, dear, we can begin the feed.

정답

47

16 현재 실제로 일어난다면?

2:58 　관련 단원 생활영어 회화천사: 조동사/의문문 49~52단원 / 영화영작: 기본패턴 20단원

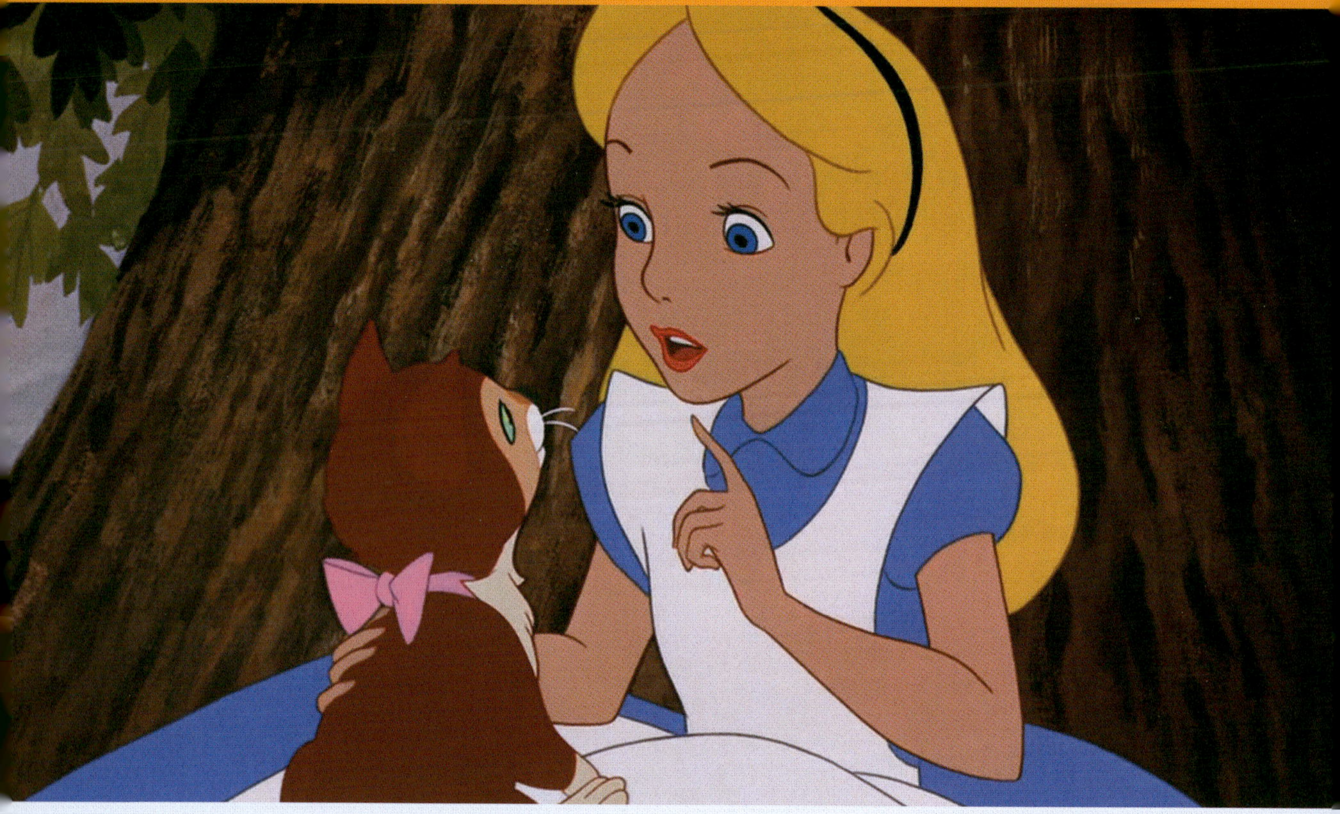

앨리스가 그림 없는 책을 볼 수 없다고 하자, 엄마는 'nonsense(말도 안 된다)'라고 합니다. 그러자 앨리스는 다이나(고양이)에게 '말도 안 되는 것'이야말로 자신이 좋아하는 것이라며, 자신의 세상에서는 모든 것이 말도 안 될 것이라고 합니다. 저는 이 작품에서 '이상한 나라(wonder)'의 다른 단어가 'nonsense'라고 생각합니다. 앨리스를 보고 나면 무슨 이야기를 봤는지 모를 정도로 다양한 이야기가 나옵니다. 그리고 말이 안 되는 것 같으면서도 어찌 보면 말이 되는듯한 매력이 있습니다.

If I had a world of my own,
~한다면　내가　가진(다면)　한　　세상을　　　　나만이 가진,
everything would be nonsense.
모든 것은　　　　　　　　말도 안될 것 같다.

전 단원에서 미래를 가정할 때는 '현재'를 쓴다고 했는데요. 현재를 가정할 때는 '과거'로 씁니다. 그래서 앨리스의 If I had~는 '지금 내가 가진다면~'을 의미합니다. 그리고 주절(if가 붙지 않은 문장 부분)에서는 과거의 조동사(예문에서는 would)와 함께 씁니다. 재미있는 것은 한국말에서도 가정할 때 종종 시제를 과거로 씁니다. 예를 들어 '나는 밥을 먹었으면 좋겠어.'에서 '었'은 과거를 만드는 말이거든요.

과거를 가정할 때는 과거완료(had p.p./ 과거의 조동사+have p.p.)를 씁니다. 어렵다면 아직 모르셔도 괜찮습니다. 전 단원(미래를 가정하는 경우)만이라도 확실히 해주시면 좋습니다.

어떻게 풀지	깨	틀렸네	알 것 같아	알 겠	어 또	해볼까	이 구조구나 쉽	다 재 미 있 네	응용 해볼까	자 신 있 어	문법 패턴+10WS
1	2	3	4	5	6	7	8	9	10		**10WS** 10번 쓰고/말하기

| 1 | 2 | 3 | 4 | 5 | 6 | 7 | 8 | 9 | 10 | 11 | 12 | 13 | 14 | 15 | **16** | 17 | 18 | 19 | 20 | 장면 위치 |

were [wər] 상태나 모습이었다(are의 과거)   right [rait] 옳은, 알맞은   size [saiz] 크기   so [sou] 아주
could [kəd] ~할 수도 있다   pick [pik] 고르다, 뽑다   every [evri] 모든   one [wʌn] 한 개, 한 사람
look for [lʊk fər] 찾다   rabbit [ræbit] 토끼   ask [æsk] 묻다   mad [mæd] 미친   early [ə:rli] 이른
hatter [hætər] 모자 만드는 사람   would like to [wəd laik tu] ~하고 싶다   went [went] 갔다(go의 과거)
something [sʌmθiŋ] 어떤 것   make sense [meik sens] 말이 되다   change [tʃeindʒ] 변화(하다)

A 내가 나의 원래 크기라면, 나는 너희들을 하나씩 모두 뽑을 수 있다.
앨리스 31:28   Hint were, size, pick, every, could

_____ _____ _____ right _____,
누가 상태모습 어떤   어떤
_____ _____ _____ _____ of you.
누가 하다 하다 무엇을 무엇을

문법 현재 가정에서 비동사는 시제와 인칭을 다르게 쓰는데, 주로 were를 쓴다.

2 내가 하얀 토끼를 찾는 중이라면, 나는 미친 모자 장수에게 물어볼 것이다.
고양이 40:44   Hint look, Mad Hatter, ask, would

_____ _____ _____ for a white rabbit,
누가 상태모습 어떤
_____ _____ _____ _____ _____.
누가 하다 하다 무엇을 무엇을 무엇을

장면 앨리스가 숲에서 토끼를 찾기 위해 길을 헤맬 때.

3 네가 정말 알고 싶다면, 그는 저 길로 갔다.
고양이 40:15   Hint go, would

_____ _____ really _____ to know,
누가 하다 한다
_____ _____ that _____.
누가 하다

문법 그가 저 길로 간 것은 사실을 말한 것이기 때문에, 시제를 바꾸지 않거나, 조동사(would, could 등)도 쓰지 않습니다.

K 그것은 아주 좋을 것 같다/ 어떤 것의 한 변화라도 말이 된다면.
앨리스 52:43   Hint nice, make sense, would

_____ _____ _____ so _____,
누가 상태모습 상태모습   어떤
_____ _____ _____ _____ for a change.
누가 하다 하다 무엇을

장면 수많은 말도 안 되는 상황을 겪고 숲에서 길을 잃었을 때.

Q 내가 일찍이 (그 말을) 들었다면, 나는 여기에 있지 않을 것이다.
앨리스 54:19   Hint listen, here, would

_____ _____ earlier,
누가 한다
_____ _____ _____ _____.
누가 상태모습 상태모습 어떤

장면 숲속에서 방황할 때.

A If I were my right size, I could pick every one of you.
2 If I were looking for a white rabbit,
   I would ask the Mad Hatter.
3 If you would really like to know, he went that way.
K It would be so nice
   if something would make sense for a change.
Q If I listened earlier, I wouldn't be here.

정답

49

17 아무나 못 익히는 관계사

39:54　관련 단원 미드천사: 기초회화 패턴 10단원 / 생활영어 회화천사: 조동사/의문문 30,31단원 / 영화영작: 기본패턴 21,22단원

앨리스가 어디로 가야 되냐고 묻자, 고양이는 '어디로 가고 싶은지에 달려있다'고 합니다. 앨리스는 '어디로 가도 상관없다'고 합니다. 아마도 '토끼를 만날 수만 있다면'을 말하려는 것을 고양이가 자른 것 같은데요. 고양이는 '가고 싶은 곳이 없다면 어디로 가든 상관없다'고 합니다. 마찬가지로 인생에서도 가고 싶은 곳(목표)이 있다면 어디로 가든 언젠가는 목적지에 도달하지만, 목표가 없으면 방황하는 데에 시간을 허비하게 됩니다.

 문법 It really doesn't matter
그것은　　정말　　　　　중요하지 않다 /
which way you go.
　　어떤　　　 길로　　네가　　가는 지는.

예문의 문장 구조는 '누가(it)-doesn't matter(한다)-which way you go(무엇을)'입니다. 그리고 (무엇을)을 풀어서 쓰면 누가(You)-go(한다) which way입니다. which는 관계대명사인데요. '어떤', '어떤 것이' 또는 '어떤 것을'을 의미합니다. which가 종속절에서 '명사'역할을 하기 때문에 관계대'명사'라고 합니다. (하지만 예문에서는 which way가 부사 역할을 합니다) which 말고 what, who, whom도 관계대명사입니다. 종속절에서 주로 부사역할을 하는 when, where, why, how는 관계 부사라고 합니다. 관계대명사와 관계 부사에 대한 자세한 내용은 위의 QR코드에 접속하시면 아실 수 있습니다.

관계사를 사용해서 영작하고 말하기는 쉽지 않습니다. 기본문형의 문장을 많이 연습해서 '구조'를 통해 의미를 전달하는 것이 익숙해지면 이후에 관계사의 활용이 가능합니다.

wonder [wʌndər] 궁금하다   what [wɑːt] 무엇이, 무엇을   want [wɔːnt] 원하다
who [huː] 누가, 누구를   live [liv] 살다   wrong [rɔːŋ] 잘못된
unbirthday [ʌnbəːθdei] 생일이 아닌 날

A 나는 궁금하다/ 그가 지금 무엇을 원하는지.
앨리스 35:17   Hint wonder, what

____누가____ ____한다____ ____무엇을/무엇을____ ____누가____ ____한다____ now.

장면 중요한 말이 있다는 애벌레의 말에 먼 길을 돌아가면서.

2 나는 궁금하다/ 누가 여기에 사는지.
앨리스 20:57   Hint wonder, who

____누가____ ____한다____ ____무엇을/누가____ ____한다____ here.

장면 멀리서 토끼의 집을 보고.

3 나는 봐서 안다/ 무엇이 그것에서 잘못됐는 지.
모자장수 48:10   Hint see, wrong

____누가____ ____한다____ ____무엇을/누가+상태모습____ ____어떠____ with it.

장면 토끼의 시계를 고쳐 주겠다고 열었을 때.

K 내가 얼마나 궁금한지/ 네가 어디에 있는지.
들쥐 44:44   Hint wonder

How ____누가____ ____한다____ ____무엇을/어디____ ____누가+상태모습____ at.

장면 생일이 아닌 날 파티에서 들쥐가 작은별을 개사해서 부른 노래.

Q 그녀는 모른다/ 무엇이 생일이 아닌 한 날인 지.
3월 토끼 43:36   Hint know, unbirthday

____누가____ ____한다____ ____한다____ ____무엇을/무엇을____
____누가____ ____누가____ ____상태모습____ .

장면 앨리스가 생일이 아닌 날 파티가 무슨 말인지 모른다고 하자.

A I wonder what he wants now.
2 I wonder who lives here.
3 I see what's wrong with it.
K How I wonder what you're at.
Q She doesn't know what an unbirthday is.

정답

18 문법책에서 보기 어려운 and 사용법

16:50   **관련 단원** 생활영어 회화천사: 조동사/의문문 25단원 / 영화영작: 기본패턴 24단원

바다표범은 굴이 먹고 싶은데요. 다짜고짜 잡아먹지 않고, 먼저 친해지려고 합니다. 그래서 경계하는 굴들에게 처음 꺼낸 말이 '굴들아 우리와 함께 걷자. 좋은 날씨에 같이 걸으면 기분 좋을꺼야.'입니다. 그리고 같이 '수다 떨자'고 하는데요. 현실에서도 써 먹기 좋은 방법인 것 같습니다. 산책하면서 대화하면 쉽게 친해지니까요.

 ### Oysters, come and walk with us.
            굴들아,   와서   걸어라   우리와 함께

영어는 '누가-한다-무엇을' 순서로 문장을 돼야 하는데, and 다음에 '누가' 없이 바로 '한다(walk)'가 나왔습니다. and와 walk 사이에 Oysters,가 생략됐기 때문입니다. 생략되기 전의 문장을 쓰면 Oysters, come and oysters, walk with us. 입니다. and는 '그리고'를 의미하고, and 앞의 문장에서 원하는 만큼 생략하고 and 뒤에서 이어갈 수 있습니다. 얼마나 생략됐는지는 and 뒤의 품사를 봐야 합니다. 지금은 동사(walk)가 나왔기 때문에, 앞에서 동사(come)을 찾은 다음, come 앞의 모든 것이 생략된 것을 알 수 있습니다. 이 단원에서는 이렇게 and 뒤에 동사(한다)가 나오는 경우만 나옵니다.

비슷한 예로, I met him and study English.를 보면 and 뒤에 동사(study)가 나왔으므로, and 앞에서 같은 품사(동사)인 met를 찾습니다. 그러면 and 뒤에는 met 앞에 있는 'I'가 생략된 것입니다. 생략하기 전의 문장은 I met him and I study Englsih.입니다.

roll away [roul əwei] 떠나가다   leave [li:v] 남기고 떠나다   sky [skai] 하늘
sit [sit] 앉다   hour [auər] 시간   let [let] 허락하다   stay [stei] 머물다   seed [si:d] 씨앗
oyster [ɔistər] 굴   wink [wiŋk] 찡긋하다   eye [ai] 눈   shook [ʃuk] 흔들었다(shake의 과거)
heavy [hevi] 무거운   head [hed] 머리   blow out [blou aut] 끄다   candle [kændl] 초
wish [wiʃ] 소원   come [kʌm] 오다   true [tru:] 진실된, 사실인

A 그것들(구름)은 떠나가며 그 하늘을 남겨두지요.
주제가 합창 0:40   Hint roll away, leave

_____ _____
  누가   한다

and _____ _____ _____ .
       한다   무엇을   무엇을

장면 '이상한 나라의 앨리스'가 시작할 때와 끝날 때.

2 그것들은 앉아서 나에게 몇시간 동안 말할 것 같다.
앨리스 3:54   Hint would

_____ _____ _____
  누가   한다   한다

and _____ to me for hours.
        한다

장면 앨리스의 세계에서는 외로울 때 꽃들이 어울려 줄 것이라면서.

3 허락하지 마라/ 그녀가 여기에 머물러서 씨가 되도록.
백합 31:09   Hint let, stay, go

Don't _____ _____ _____ here
         한다   무엇이   어떻게

and _____ to seed.
       한다

문법 go는 주로 '안 좋게' 변할 때 씁니다.

K 엄마 굴은 그녀의 눈을 찡긋했고 그녀의 무거운 머리를 흔들었지요.
트위들 디/덤 17:08   Hint oyster, wink, shake

_____ _____ _____ _____ _____
  누가   누가   한다   무엇을   무엇을

and _____ _____ _____ _____ .
        한다   무엇을   무엇을   무엇을

장면 바다표범이 굴을 꾀러 왔을 때.

Q 이제 그 초를 불어서 끄고, 얘야, 너의 소원이 실제로 오도록 만들어라.
모자장수 44:26   Hint candle, blow, wish

Now _____ _____ _____ out, my dear,
        한다   무엇을   무엇을

and _____ _____ _____ _____ true.
        한다   무엇이   무엇이   어떻게

장면 앨리스의 생일 아닌 날을 축하해주며.

A They roll away and leave the sky.
2 They would sit and talk to me for hours.
3 Don't let her stay here and go to seed.
K Mother Oyster winked her eye and shook her heavy head.
Q Now blow the candle out, my dear, and make your wish come true.

정답

53

19 헷갈리는 의문문 쉽게 만들기

55:42 **관련 단원** 아빠표 영어 10단 / 생활영어 회화천사: 조동사/의문문 53~58단원 / 영화영작: 기본패턴 2,4단원

앨리스가 집에 돌아가고 싶어서 울면서 노래합니다. 어떤 것이 옳은지 알면서도 매번 따르지 못하는 스스로를 자책하는데요. 앞으로 '내가 해야만 하는 것들을 할 수 있을까?'라고 합니다. 앨리스처럼 사람은 누구나 매일 매일 실수를 반복합니다. 제가 도덕적으로 큰 잘못을 잘 안 하게 된 것은 20대 후반이 되면서였습니다. 그때쯤 철이 든 것 같아요.

 **문법**

Will I ever learn to do the things I should?
(~할 것인가?) 내가 언젠가는 배울 것인가/
하는 것을   그   것들을   내가   해야만 하는?

예문의 원래 문장은 I will ever learn to do the things I should입니다. 묻는 문장을 만들기 위해 will을 I(주어) 앞에 썼습니다. 이처럼 조동사(will, can, may 등)를 주어(누가) 앞에 쓰면 묻는 문장이 됩니다.

조동사가 없는 문장은 'do'가 생략된 것입니다. 이 do는 강조할 때 종종 등장합니다(p.67, 105, 117). 의문을 만들 때도 쓰이는데요. I learn Englsih를 의문문으로 만들면 Do I learn English가 됩니다.

더 쉽게 의문문을 만들려면, 끝만 올려 읽으면 됩니다. '너는 영어를 공부하지'에서, '너는 영어를 공부하지?'라고 읽으면 묻는 문장으로 바뀌는 것처럼, You learn English?라고 끝을 올려 읽어도 묻는 문장이 됩니다.

문법 패턴 + 10WS
10WS — 10번 쓰고/말하기
장면 위치 — 19

🎧 have [hæv] 가지다 match [mætʃ] 성냥 play [plei] 놀다 croquet [krouˈkei] 크로케
help [help] 돕다 stand [stænd] 서다 head [hed] 머리 kindly [kaindli] 친절하게, 좀
pay attention [pei əˈtenʃn] 집중하다 history [histəri] 역사 lesson [lesn] 수업

A 너는 한 성냥을 가지고 있니?
도도 25:52 Hint match

___한다___ ___누가___ ___한다___ ___무엇을___ ___무엇을___ ?

장면 집을 불태워야 한다는 생각에 사로잡혀서.

2 너는 크로케로 놀이하니?
여왕 1:02:36 Hint croquet

___한다___ ___누가___ ___한다___ ___무엇을___ ?

장면 크로케 게임을 하고 싶어서 처음 보는 앨리스에게.

3 너는 우리를 도울 수 있니?
토끼 23:10 Hint help

___한다___ ___누가___ ___한다___ ___무엇을___ ?

장면 굴뚝 청소부 빌에게. 앨리스를 집 밖으로 꺼내기 위해.

K 너는 너의 머리에 닿아서 설 수 있니?
고양이 40:33 Hint head, stand

___한다___ ___누가___ ___한다___ _____ ?

장면 보통은 '물구나무를 서다'는 의미로 쓰는데, 고양이는 자신의 머리 위에 올라간다.

Q 너는 너의 역사 수업에 집중 좀 하겠니?
엄마 2:29 Hint pay attention

___한다___ ___누가___ kindly ___한다___ ___무엇을___
to your history lesson?

장면 엄마가 읽어주는 것에 앨리스가 집중하지 않자.

A Do you have a match?
2 Do you play croquet?
3 Can you help us?
K Can you stand on your head?
Q Will you kindly pay attention
    to your history lesson?

정답

55

20 더 어려운 의문사 의문문

8:50   관련 단원 아빠표 영어 10단 / 생활영어 회화천사: 조동사/의문문 59~63단원 / 영화영작: 기본패턴 23단원

병에 든 내용을 모르고 마셨다가 몸이 작아진 앨리스가 스스로에게 말합니다. '내가 무엇을 한거지?'라고요. 안타깝게도 몸은 작아졌지만 열쇠가 없어서 열 수가 없습니다. 저는 보통 자기 전에 하루를 되돌아봅니다. 열심히 일한 날은 뿌듯하지만, 쓸데없이 시간을 허비한 날은 이 장면에 나온 앨리스의 감정과 비슷합니다. '내가 오늘 도대체 뭘 한 거지? 한 거라고 말할 만한 것이 있나? 내일은 스스로에게 부끄럽지 않은 하루를 보내야지!'

 ## What did I do?
          무엇을   내가   했나?

when, where, why, how / what, who, which를 쓰면 더 구체적인 내용도 물어볼 수 있습니다. 다만 'when, where why how'는 명사 역할을 못 하기 때문에 전 단원(19)에서 배운 문장 앞에 붙이기만 하면 문장이 완성되는 반면, what, who, which는 명사 역할을 하므로 문장에서 명사가 하나 빠져야 합니다.

I drank something(나는 어떤 것을 마셨다)은 의문문으로 Did I drink something(내가 어떤 것을 마셨나?)입니다. when을 붙이면, When did I drink something(언제 내가 어떤 것을 마셨나?)입니다. 그런데 what은 명사 역할을 하므로 What did I drink something은 틀린 문장입니다. What did I drink?(내가 무엇을 마셨나?)입니다. 위에서는 drink가 do로 바뀐 What did I do(내가 무엇을 했나?)를 썼습니다. what을 누가(주어)로 써서 What drank something?(무엇이 어떤 것을 마셨는가?)도 가능합니다.

100LS 전체 대사 직청직해 공부법

100LS의 목적은 원어민의 속도로 (듣고) 말할 수 있는 것입니다. 받아 쓰고, 대본을 보고 따라 말하는 것은, 그 과정 없이 바로 따라 말하기는 어렵기 때문입니다. 중요한 것은 최대한 원어민의 억양과 목소리를 그대로 따라 해야 합니다. 한 장면씩(총 40장면) 하는 것을 추천하지만, 전체를 보면서 진행하셔도 좋습니다. 매일 최소 1시간 이상! 길수록 좋습니다! 책에 제시된 것은 가이드일 뿐입니다. 사실 어떤 과정이든 상관없습니다. 자신에게 잘 맞는 방법으로 수십, 수백 번 훈련해서 자막 없이 원어민의 속도 그대로 듣고 바로 말할 수만 있으면 됩니다. 100LS라는 용어는 <9등급 꼴찌, 1년 만에 통역사 된 비법>에서 차용했습니다. 활용법에 대한 무료 동영상 강의는 goo.gl/x3c7qu에 있습니다.

책에서 나온 40장면을 한 장면씩, 또는 영상 전체를 처음부터 끝까지

1.자막 없이 보면서 잘 안 들리는 부분 확인하기 (잘하시는 분은 생략 가능)

2.한글 자막으로 한 번~세 번 보면서 전체 내용 이해하기 (잘하시는 분은 생략 가능)

3.MP3를 들으면서 책의 빈칸 받아쓰기
어려운 단어는 붉게 표시했고, 알고 있는 단어지만 잘 안 들릴만한 단어만 빈칸으로 만들었습니다. '받아쓰기' 파일을 활용하면 4번씩 반복해서 들려주므로 공부하기 편합니다. 잘 안 들리는 부분은 20~50번을 들어도 좋습니다. 영어로 적기 어렵다면 한글로라도 소리를 받아 적어야 합니다. 어렵다면 '느리게' 파일을 활용하셔도 좋습니다. 또는 왼쪽 페이지(단어의 시작 글자 힌트가 있는)만 다 하신 뒤에 다시 처음부터 양 페이지를 받아쓰시며 진행하셔도 좋습니다. 쉽다면 '빠르게' 파일을 활용하셔도 좋습니다. 참고로, 공부하는 동안은 실력이 느는지 알기 어렵습니다.

4.틀리게 받아쓴 부분 고치기

5.대본을 보고 따라 읽기
속도가 빠르다면 '느리게'된 MP3로 연습한 뒤에, '보통 속도'로 연습하면 됩니다. 원어민의 억양(강세, 목소리 톤까지)을 최대한 그대로 흉내 내는 것이 아주 중요합니다. MP3 대신 영상을 활용하셔도 좋습니다.

6.잘 안 되는 문장 번호(1365개의 MP3 중에 선택)의 '느리게' 파일로 여러 번 반복하기
문장 일부만 반복하는 것은 7번(영어자막 따라 말하기)이나 8번(자막 없이 따라 말하기) 뒤에 하셔도 좋습니다. 영상의 한글/영어자막보다 책의 대본이 훨씬 정확하므로, 정확히 알고 싶을 때는 대본을 더 봐주세요.

7.영어자막이 있는 영상을 틀어놓고 반복해서 따라 말하기 (20~60회)
영상이 재생되는 동시에 따라 말해야 하며, 영화의 속도로 따라 말할 수 있을 때까지 계속해서 연습합니다.

8.영어자막 없이 들리는 대로 따라 말하기 (20~60회)
영상에서 나온 말보다 조금 뒤에 말하게 됩니다(쉐도잉).

9.책의 해석만 보고 영작하기 (생략 가능)

Tip1 가능한 한 책에 직접 받아 쓰세요. 책이 지저분해진 만큼 실력도 쑥쑥 오릅니다.
책을 아끼면서 끝까지 보지 못하느니, 한 번 읽고 나서 버리더라도 일단 끝까지 보는 것이 중요합니다.

Tip2 1~6장면을 2~5명이 역할을 분담해서 낭독, 연극, 뮤지컬을 하면 재미있습니다. 그런 경우를 위해서 대본에 '감탄사'도 대부분 표기했습니다. 특히 초등학생~중학생의 학원, 학교에서 발표회를 하면 좋은 경험이 될 것입니다.

Tip3 <앨리스 영화영어>보다 더 어려운 영어 받아쓰기/따라 말하기를 하고 싶으시면,
<TOP10 연설문>과 <TOP10 영한대역 단편소설>이 있습니다.

Tip4 영어 공부법이나 영어관련된 질문은 miklish.com 에 올리시면 늦어도 3일 내에는 답변 드립니다.

1. 지루한 역사 공부

| 0:00~ | 1 | 2 | 3 | 4 | 5 | 6 | 7 | 8 | 9 | 10 | 11 | 12 | 13 | 14 | 15 | 16 | 17 | 18 | 19 | 20 |

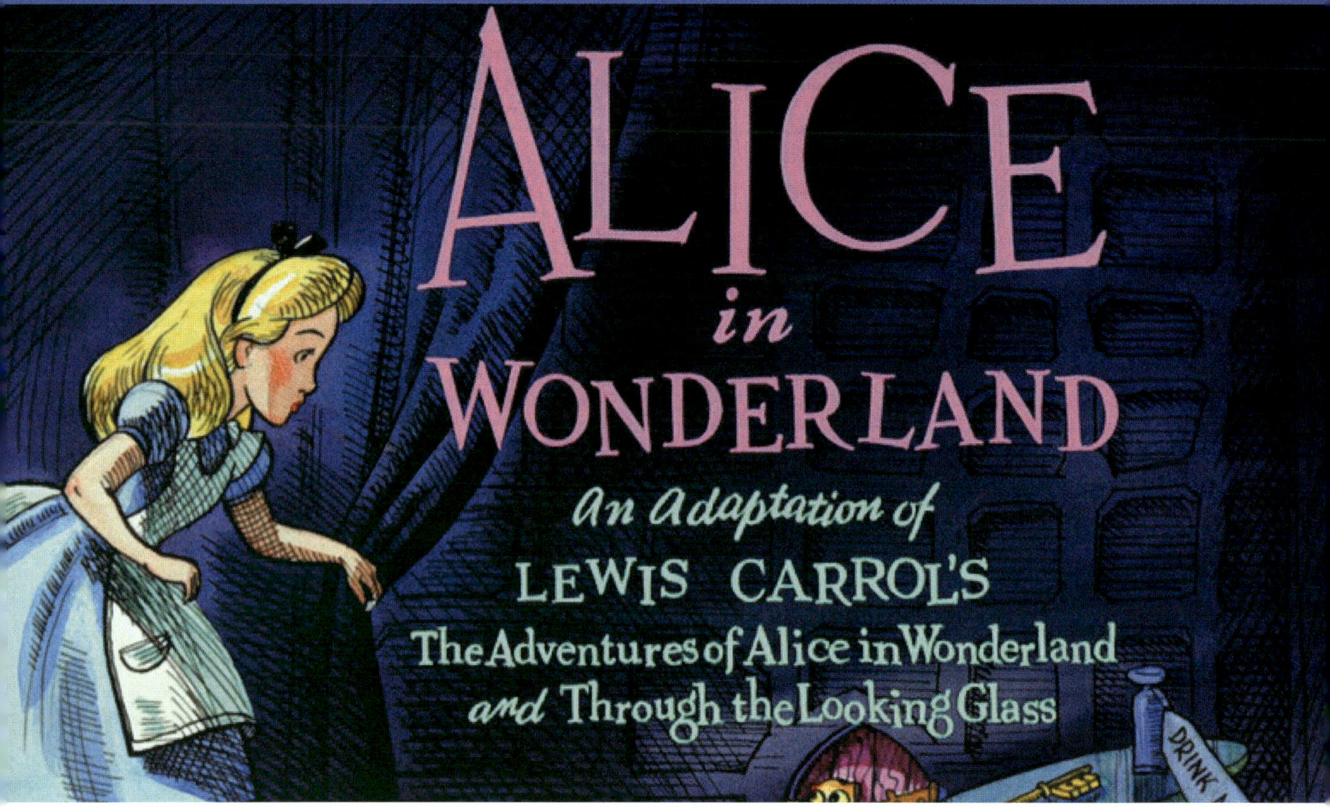

1 자막 없이 1회
2 한글 자막 1회
3 책의 빈칸 받아쓰기 1~20회
4 영어 자막 보고 따라 말하기 50회
5 자막 없이 들리는 대로 따라 말하기 40회

1	합창 Alice in Wonderland. ♥	1 이상한 나라의 앨리스.
2	How do you g_____ t_____ Wonderland?	2 이상한 나라에 어떻게 가나요get to?
3	Over the h_____ or u_____,	3 언덕hill 너머에, 아니면 땅 밑 나라underland에,
4	Or just behind the t_____?	4 아니면 나무tree의 바로 뒤에?
5	When c_____ go rolling by,	5 구름clouds이 지나갈 때,
6	they r_____ away and leave the sky.	6 그것들은 하늘을 남기고 멀리 굴러roll 가요.
7	Where is the l_____ beyond the eye	7 어디에 그 시야를 벗어난 땅land이 있나요/
8	that p_____ cannot see?	8 사람들이people 볼 수 없는 그 땅(that)이?
9	Where can it b_____?	9 어디에 그것이 있을 수 있나요be?
10	Where d_____ stars go?	10 어디로 별들이 가나요do?
11	Where is the crescent m_____?	11 어디에 초승달moon이 있나요?
12	They must be s_____	12 그것들은 어딘가somewhere에 분명히 있어요/
13	in a s_____ afternoon.	13 맑은sunny 어느 오후 안에(도).
14	Alice in Wonderland.	14 이상한 나라의 앨리스.

15	합창	Where is the _____ to Wonderland?	15	이상한 나라로 가는 길path은 어디에 있나요?
16		Over the hill or _____ or there?	16	그 언덕 너머에, 아니면 여기here, 혹은 거기에?
17		I wonder _____.	17	저는 어디where에 있는지 궁금해요.
18	엄마	(..wanted) _____, and had been of late much _____ to usurpation and conquest.	18	지도자들을leaders (원했다), 그리고 최근에 왕위를 찬탈하는 일이 잦아지면서accustomed.
19		Edwin and Morcar, the Earls of Mercia and Northumbria _____ for him,	19	메르시아와 노섬브리그의 백작인 에드윈과 마르코는 왕을 대신하여 선포했다declared,
20		and _____ Stigand... Alice.♥♥	20	그리고 심지어even 스타이갠드도... 앨리스!
21	앨리스	Hmm? Oh, I'm listening.	21	네? 저는 듣고 있어요.
22	엄마	And even Stigand, the Archbishop of Canterbury,	22	그리고 캔터베리 대주교인 스타이갠드 또한,
23		agreed to _____ with William and _____ him the crown.	23	윌리엄 공을 만나meet보기를 허락했고 왕관을 주었다offer.
24		William's conduct at _____ was model... Alice.	24	윌리엄의 첫first 행동은 본보기가... 앨리스!
25		Will you kindly pay attention to your _____ lesson?	25	역사history 공부 중인데 좀 집중해야지?
26	앨리스	I'm sorry. But _____ can one possibly pay attention to a book with no _____ in it?	26	미안해요. 하지만 그런 책을 어떻게how 집중해서 재미로 읽겠어요/ 그림pictures도 없는데?
27	엄마	My dear child, there are a _____ many good books in this world without pictures.	27	사랑하는 얘야, 이 세상에서는 좋은 책 중에 그림 없는 책이 굉장히great 많아.
28		In this world, _____.	28	이 세상에선 아마도perhaps (그렇겠지만)
29	앨리스	But in my world, the books would be _____ but pictures.	29	나만의 세상에선, 모든 책이 그림 말고는 아무것도 없을nothing 거에요.
30	엄마	Your world? _____ nonsense.	30	너만의 세상? 무슨What 터무니없는 소리.
31	앨리스	Nonsense?	31	말도 안된다고요?
32	엄마	_____ more, from the _____.	32	한번Once 더, 처음부터beginning 읽자.
33	앨리스	That's it, Dinah.	33	그거야, 다이너.

♥ 한글도 '노래'나 '랩'은 받아쓰기 어려운 것처럼, 영어도 굉장히 어렵습니다. 잘 들리지 않는다면 '한글'로 소리를 적어주세요.
♥♥ '엄마'처럼 보이지만 원작에서는 '언니'로 나옵니다. 그리고 엄마가 가르치는 것이 아니라, 앨리스가 언니 책을 보는 것으로 나옵니다.

감상 저는 초등학생 때, 앨리스처럼 책에 그림이 없는 것은 읽기 싫었습니다. 사실 성인이 된 지금도 같은 내용이라면 그림이 많은 책을 선호합니다. 그래서 제 책에는 그림이나 사진을 많이 넣으려고 합니다.

2 앨리스의 터무니 없는 세상

2:58~ 1 **2** 3 4 5 6 7 8 9 10 11 12 13 14 15 16 17 18 19 20

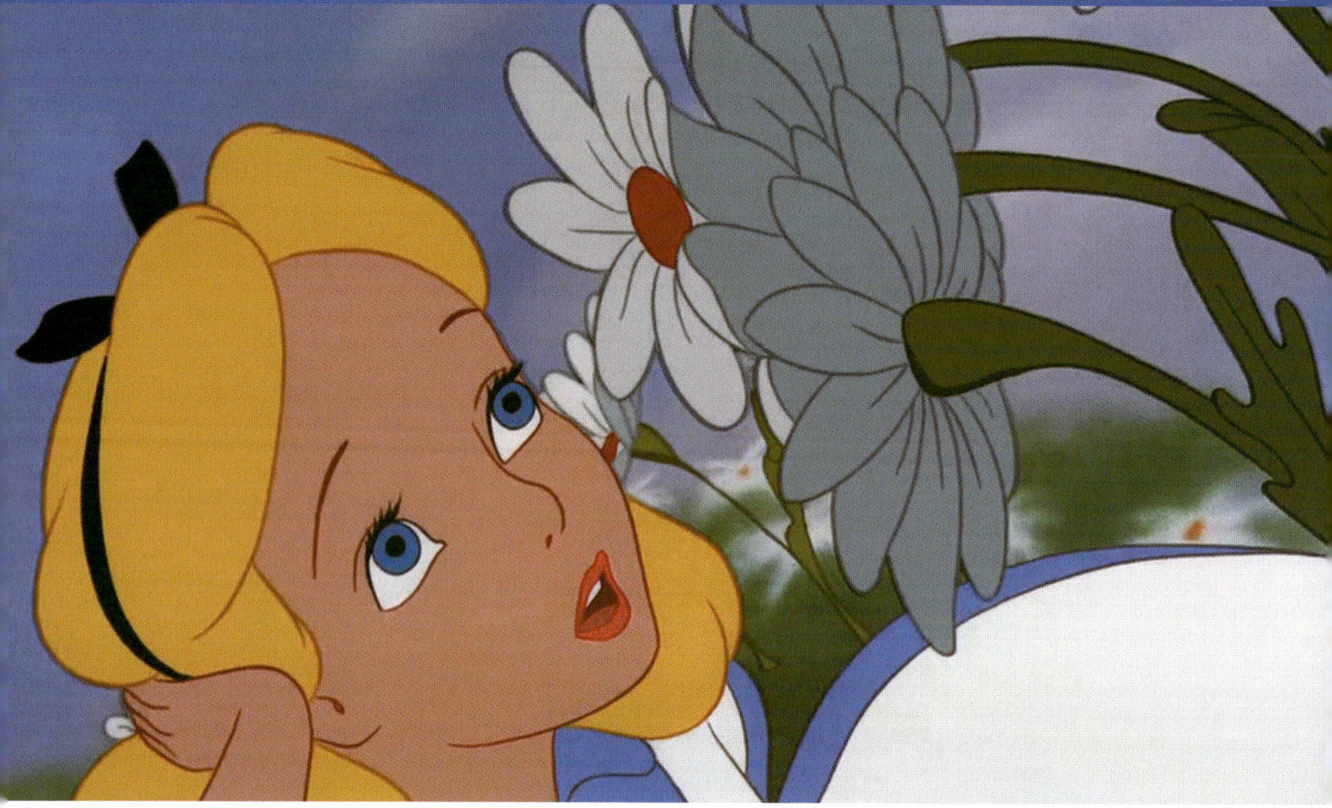

1 자막 없이 1회
2 한글 자막 1회
3 책의 빈칸 받아쓰기 1~20회
4 영어 자막 보고 따라 말하기 50회
5 자막 없이 들리는 대로 따라 말하기 40회

34 앨리스	If I had a world of my o_____,	34 나만의own 세상이 있다면,
35	everything would be nonsense.	35 모든 게 터무니없을 거야.
36	Nothing would be w_____ it is	36 어떤 것도 (이 세상의) 무엇what과는 다를거야/
37	b_____ everything would be what it i_____.	37 왜냐하면because 모든 것은 원래의 것이 아닐isn't
38	And, contrariwise, what it is, it wouldn't be.	38 것이니까. 그리고, 반대로, (여기서) 어떤 것은, 그것이
39	And what it wouldn't be, it would. You s_____?	39 아닐거야. 그리고 어떤 것이 아니라면, 그것은 그럴거야.
40	In my world, you wouldn't say "meow".	40 너도 알지see? 나만의 세계에선 너도 "야옹"이라고
41	Y_____ say, "Yes, Miss Alice."	41 하지않고. "그래요, 앨리스 아가씨"라고 할거야You'd.
42 앨리스	Oh, b_____ y_____ would.	42 정말, 너는 그럴거야but you.
43	You'd be j_____ like people, Dinah.	43 너도 정말just 사람같을 거야, 다이너.
44	And all the other a_____, too. Why in my world,	44 다른 동물들animals도 전부 다. 그래 나만의 세상에선...
45 앨리스	cats and r_____	45 고양이와 토끼들rabbits도
46	would reside in f_____ little houses.	46 화려한fancy 작은 집에 살고.
47	And be d_____ in shoes and hats and trousers	47 예쁜 신발, 모자, 그리고 바지를 입은dressed 거야
48	in a world o_____ my own.	48 나만의of 세상에선.
49	All the f_____	49 모든 꽃들flowers도

50 🔊 앨리스 would have very _____ special powers.
51 🔊 They would _____ and talk to me for _____,
52 🔊 when I'm _____ in a world of my own.

53 🔊 There'd be _____ birds,
54 🔊 lots of _____ and friendly howdy-do birds.
55 🔊 Everyone would have a _____ bluebirds
56 🔊 within _____ world of my own.

57 🔊 I _____ listen to a babbling brook,
58 🔊 and hear a _____
59 🔊 that I could _____.
60 🔊 I keep _____ it could be that way
61 🔊 because my world would be a _____.

50 또 아주 다른extra 신비한 힘을 갖고 있어서.
51 그들은 앉아sit서 몇 시간hours이고 얘길 할 수 있어,
52 내가 외로울lonely 때면.

53 새로운new 새들이 다가와서,
54 다정하게nice 인사를 해 주겠지.
55 모두들 파랑새 열 두dozen 마리를 갖고 있을거야
56 나만의 저that 세상 안에서는.

57 나는 시냇물 흐르는 소리를 들을 수could 있어.
58 그리고 나만이 이해할 수 있는 노래song/
59 understand를 듣지.
60 나는 정말 그럴 수 있기를 소망wishing해
61 왜냐하면 나만의 세상은 이상한 나라wonderland니까.

♥ 'd는 would를 줄인 것입니다. 만약 had를 줄였다면 뒤에 과거분사가 나와야 해서 say가 아니라 said를 썼을 것입니다.
감상 '터무니없다'라는 말을 좋은 말로 여기는 앨리스가 재미있습니다. 노래 초반에 꽃이 흔들리는 표현도 인상적이었고, 노랫말과 영상의 어울림도 돋보였습니다. 노래에서 소개하는 다양한 것들은 나중에 영상에서 등장합니다. 구체적으로 토끼가 사는 화려한 집, 말하는 꽃, 다정하진 않지만 새로운 새도 나타납니다. 언제 나오는지 기대해 주세요.

3 토끼의 굴속으로

4:47~ | 1 2 3 4 5 6 7 8 9 10 11 12 13 14 15 16 17 18 19 20

1 자막 없이 1회
2 한글 자막 1회
3 책의 빈칸 받아쓰기 1~20회
4 영어 자막 보고 따라 말하기 50회
5 자막 없이 들리는 대로 따라 말하기 40회

62	앨리스	Oh, Dinah.	62 이런, 다이너.
63		It's just a rabbit with a waistcoat...	63 그냥 조끼 입은 토끼잖아...
64		and a w_____.	64 그런데 시계watch까지.
65	토끼	Oh, my f_____ and whiskers!♥	65 이런, 큰일이다(나의 털fur와 수염들)!
66		I'm late, I'm late, I'm late!	66 난 늦었다, 난 늦었어, 늦었다고!
67	앨리스	Now this is c_____.	67 이제 이것은 신기하네curious.
68		What could a rabbit p_____ be late for?	68 토끼가 무엇 때문에 늦는게 가능할possibly 수 있을까?
69		Please, sir.	69 여기요, (토끼)님.
70	토끼	I'm late, I'm late for a very important d_____.	70 늦었다, 아주 중요한 약속date에 늦었어.
71		No t_____ to say hello, goodbye.	71 인사할 시간time도 없어. 잘 있어.
72		I'm late, I'm late, I'm late.	72 난 늦었어. 늦었어. 늦었다고.
73	앨리스	It must be awfully i_____,	73 몹시도 중요한important 일인가 봐,
74		like a p_____ or something.	74 파티party 같은 것이나 그런(비슷한) 것이겠지.
75		Mr. Rabbit. Wait!	75 토끼님, 기다려요!
76	토끼	No, no, no, no, no, no, no. I'm overdue.	76 안돼, 안돼, 안돼, 안돼, 안돼, 안돼. 난 벌써 늦었어.
77		I'm r_____ in a stew.	77 난 정말really 급하다고.
78		N_____ time to say goodbye, hello.	78 인사 시간도 없어No 잘 있어, 안녕!

64

1	2	3	4	5	6	7	8	9	10	11	12	13	14	15	16	17	18	19	20	21	22	23	24	25
26	27	28	29	30	31	32	33	34	35	36	37	38	39	40	41	42	43	44	45	46	47	48	49	50
51	52	53	54	55	56	57	58	59	60	61	62	63	64	65	66	67	68	69	70	71	72	73	74	75
76	77	78	79	80	81	82	83	84	85	86	87	88	89	90	91	92	93	94	95	96	97	98	99	100

100LS 100번 듣고/말하기
한 번 할 때마다
숫자에 O 표시

| 21 | 22 | 23 | 24 | 25 | 26 | 27 | 28 | 29 | 30 | 31 | 32 | 33 | 34 | 35 | 36 | 37 | 38 | 39 | 40 |

79 🔸 토끼 I'm late, I'm late, I'm late.
80 🔸 앨리스 My. What a peculiar _____ to have a party.
81 🔸 You know, Dinah,
82 🔸 we really _____ ... be _____ this.
83 🔸 _____ _____,
84 🔸 we haven't been _____,
85 🔸 and curiosity _____ leads to trouble~.
86 🔸 Goodbye, Dinah. Goodbye!
87 🔸 Oh... Well, _____ this
88 🔸 I shall _____ nothing of...
89 🔸 of falling down _____. Oh! Ha~.
90 🔸 Oh~! Goodness.
91 🔸 _____ _____ I should _____
right _____ the centre of the Earth...
92 🔸 and come out the other _____
93 🔸 where people _____ upside down?
94 🔸 But that's _____. Nobody... Oh!
95 🔸 Oh, Mr. Rabbit. _____. Please!

79 늦었어, 늦었어, 늦었다고.
80 세상에. **별난** 곳place에서 파티를 하네.
81 너도 알지, 다이너,
82 사실 정말 하면 안 돼shouldn't... 이런 행동doing은.
83 어쨌든After all,
84 우린 초대 받지invited 못했잖아,
85 그리고 **호기심**이 잦으often면 말썽이 나기 쉽거든~.
86 안녕, 다이너, 잘 있어!
87 이런, 이런 경험 이후에는after
88 나는 생각하게think 되겠어/
89 계단들stairs에서 굴러 떨어지는 건 아무것도 아니라고.
90 이런! 세상에!
91 내가 만약What if 계속 떨어져fall서
지구의 중심을 통과해서through...
92 반대편side으로 나오고
93 그곳에서는 사람들이 거꾸로 걸으walk면 어떡하지?
94 하지만 그것은 바보silly같은 생각이야. 누구도... 어머나!
95 오, 토끼님. 기다려요Wait. 제발요!

♥ Oh, my god을 토끼 입장에서 쓴 표현.
감상 시계를 들고 바쁘게 뛰어가는 토끼를 지나칠 어린이는 없겠지요? 바쁘다고 대답도 하지 않는 모습이 꼭 저를 포함한 현시대의 아버지들 같다고 생각했습니다. 앨리스에 등장하는 인물들 모두 현실에 존재하는 사람들의 특징을 과장해서 보여주고 있다고 생각합니다. 그리고 점점 작아지는 문으로 들어가는 장면에서, 포장을 벗기면 또 포장이 있고 과자는 조금 밖에 없는 과자들이 생각났습니다.

팁&감상

4 눈물 웅덩이 1/2

7:28~ | 1 2 3 **4** 5 6 7 8 9 10 11 12 13 14 15 16 17 18 19 20

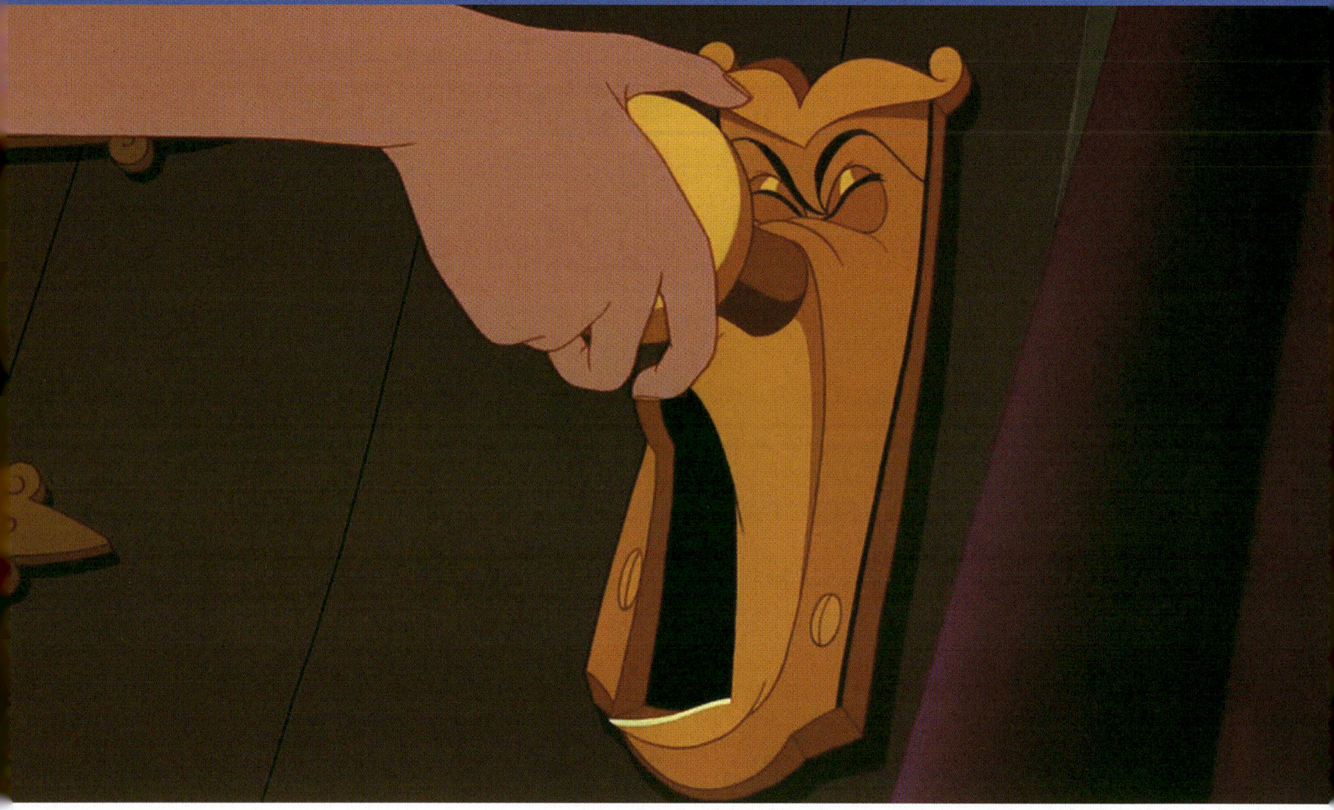

96	앨리스	Curiouser and curiouser.	96	더 신기하고도 더 신기해라.
97	문	Ow.	97	아야.
98	앨리스	Oh! oh, I b_____ your pardon.	98	이런! 이런, 당신의 용서를 부탁합니다<u>beg</u>.
99	문	Quite all right,	99	아주 괜찮지만,
100		but you d_____ ♥ give me quite a t_____.	100	나에게 줬<u>did</u>/ 너무 세게 돌림<u>turn</u>을.
101	앨리스	You see I was following...	101	당신이 알듯 누굴 따라오는 중이었어요...
102	문	R_____ good, what? Door k_____, turn.	102	차라리<u>Rather</u> 잘 됐어, 왜냐고? 손잡이<u>knob</u>는 돌
103	앨리스	Please, s_____.	103	려야(제맛이)지. 그런데요, 님<u>sir</u>.
104	문	One good turn d_____ another.	104	한번 좋게 돌리(움직이)면 또 돌림을 갖거든<u>deserves</u>.
105		What can I do f_____ you?	105	내가 너를 위해<u>for</u> 뭘 해줄 수 있을까?
106	앨리스	Well, I'm l_____ for a w_____ rabbit.	106	있잖아요, 찾고<u>looking</u> 있어요/ 하얀<u>white</u> 토끼를.
107		So, um, if you don't m_____...	107	싫어하지<u>mind</u> 않으신다면...
108	문	Eh? Oh.	108	응? 아.
109	앨리스	T_____ he is. I s_____ must get through.	109	그는 저기<u>There</u> 있어요. 저는 단지<u>simply</u> 지나가야만 해요.
110	문	Sorry. You're m_____ too b_____.	110	미안하지만. 넌 너무<u>much</u> 커<u>big</u>.
111		Simply impassable.	111	다시 말해 못 통과해.
112	앨리스	You m_____ impossible.	112	불가능하다는 의미<u>mean</u>겠지요.

113	문	No, impassable. Nothing's impossible.
114		Why don't you try the _____ on the table.
115	앨리스	Table? Oh!
116	문	_____ the directions.
117		And _____ you'll be directed in the _____ direction.
118	앨리스	'_____ Me' Hmm.
119		_____ look first, _____ if one drinks _____ from a bottle marked '_____',
120		it's almost _____ to _____ with one sooner or later.
121	문	Beg your _____?
122	앨리스	I was just giving _____ some good _____.
123		But...hum, _____ like (a) cherry tart. custard, pineapple, roast turkey. Goodness!
124		What _____ I do?
125	문	Ho, ho, ho, ho, ho. You _____ went _____ like a _____.
126	앨리스	But look. I'm just the right _____.
127	문	Oh, no _____.
128		I _____ to tell you. I'm _____.
129	앨리스	Oh, no.
130	문	But, of _____, you've _____ the key so...?
131	앨리스	What key?
132	문	Now, don't tell me you've _____ _____ _____ there.
133	앨리스	Oh, dear.

113 아니, 못 통과해. (세상에) 불가능한 일은 없잖아.
114 탁자에 병bottle을 이용해보는 게 어때.
115 탁자요? 어머나!
116 설명서를 읽어Read봐.
117 바로Directly 옳은right 방법으로 가르쳐 줄거야.
118 '날 마셔요Drink.' 흠.
119 더 잘Better 살펴봐야겠어, 왜냐하면for 누군가 많이much 마신다면 (위험하니까)/'독Poison'이 들어있는 물을,
120 나중에라도 (그말에) 동의하지 못하는 것이 거의 확실 certain/disagree하니까 말이야.
121 뭐라구pardon?
122 내 자신에게myself 좋은 충고advice를 하는 중이었어요.
123 하지만... 흠, 체리 파이 맛tastes이 나는데. 크림 맛, 파인애플, 구운 칠면조. 세상에!
124 내가 뭘 한did거지?
125 하, 하, 하, 하, 하. 넌 거의almost 줄어버린out 거야/ 양초candle가 줄듯이.
126 하지만 보세요. 이젠 크기size가 딱 맞네요.
127 이런, 소용use 없어.
128 깜빡 잊었는데forgot 말이야. 난 잠겼어locked.
129 이런, 세상에.
130 그런데, 물론course, 열쇠는 있겠got지?
131 무슨 열쇠요?
132 지금, 저 위에 두고 왔다고left it up 하려는 건 아니겠지.
133 이런, 맙소사.

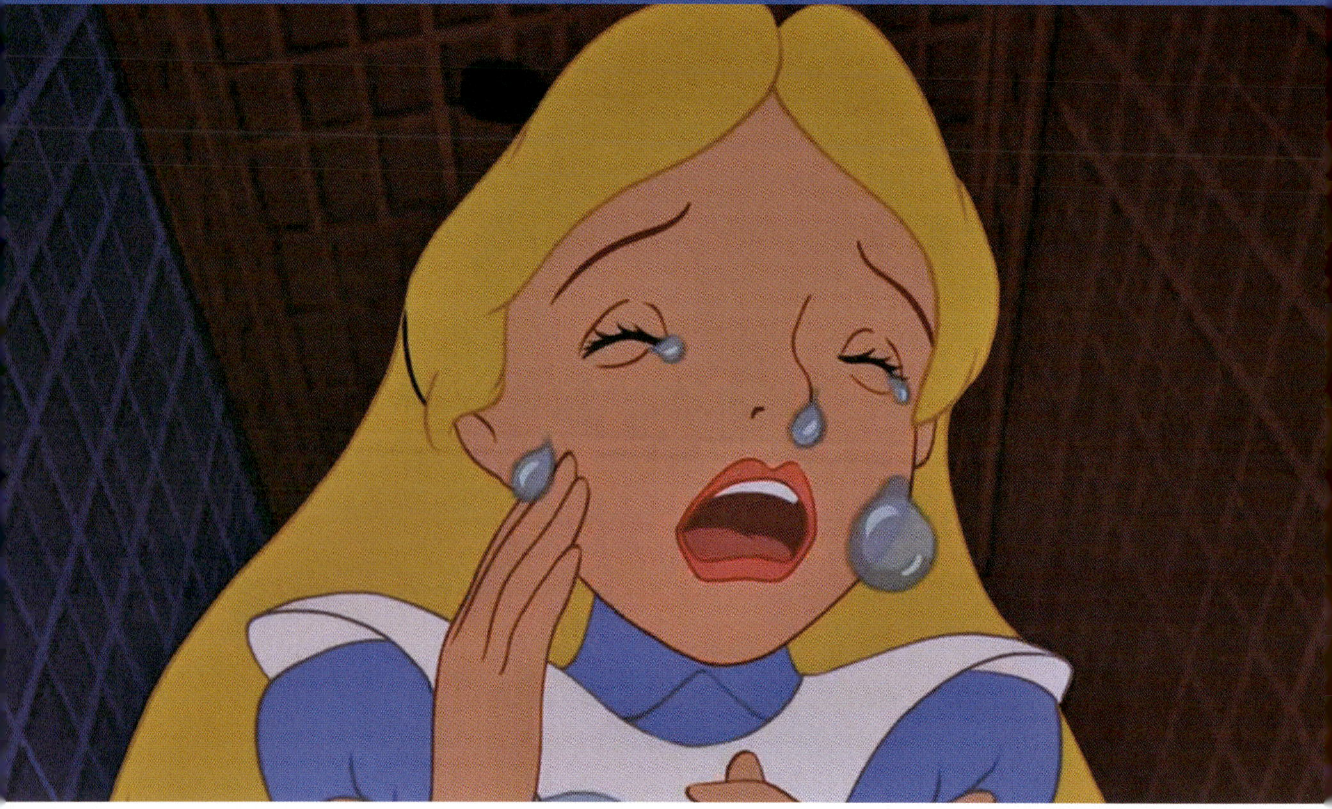

5 눈물 웅덩이 2/2

9:16~ | 1 2 3 4 **5** 6 7 8 9 10 11 12 13 14 15 16 17 18 19 20

1 자막 없이 1회
2 한글 자막 1회
3 책의 빈칸 받아쓰기 1~20회
4 영어 자막 보고 따라 말하기 50회
5 자막 없이 들리는 대로 따라 말하기 40회

134 앨리스	W_____ will I do?	134 내가 무엇이든Whatever 할 수 있을까?
135 문	Try the b_____, naturally.	135 당연히 상자box를 열어봐야지.
136 앨리스	Oh! 'EAT ME' All right.	136 어머나! '날 먹어요' 좋았어.
137	But goodness k_____ what this w_____ do.	137 하지만 누가 알겠어knows 이게 무엇을 할지will.
138	Whoa! Whoa! Whoa! Whoa! Whoa!	138 우와! 우와! 우와! 우와! 우와!
139 앨리스	What did you say?	139 뭐라고 했죠?
140 문	I said a l_____ of that w_____ a long way.	140 그거 조금little 먹었다고 저렇게 커지다니went.
141 앨리스	But I don't think it's so f_____.	141 그런데 그게 재밌다고funny 생각하지 않아요.
142	Now, now I shall never g_____ o_____.	142 이젠, 이젠 정말 나갈get out 수 없게 됐어.
143 문	Come, come, now. C_____ won't h_____.	143 자자, 우는 건Crying 도움help이 안될거야.
144 앨리스	I know, but I... I... I just can't seem to s_____.	144 알아요, 하지만... 울음을 그칠stop 수가 없어요.
145 문	Oh, hey. This w_____ do. Oh, oh, oh...	145 이런. 이것은 소용 없을 거야won't. 오, 오, 오...
146	This won't do a_____ a_____.	146 전혀at all 소용 없다니까 그러네.
147	You, you, up there, s_____! I say. Oh look.	147 너, 너, 위에 있는 애, 그만stop 울어! 내 말이. 저걸 봐!
148	The bottle. The bottl...	148 그 유리병이야. 그 병...
149 앨리스	Oh, dear.	149 이런, 맙소사.
150	I do wish I h_____ cried s_____ much.	150 내가 그렇게 많이 울지 않았으면hadn't/so 좋았을 걸.

68

151 도도	Oh, a sailor's life is the life for _____.	151 나는 me야 타고난 뱃사람.
152	How I _____ to sail o'er the bounding sea.♥	152 끝없는 바다에서 항해하기를 내가 얼마나 사랑하는love데.
153	And I never never, ever do a _____ about the weather.	153 날씨 걱정에 대한 것thing은 절대로, 절대로 안해.
154	For the weather never ever _____ a thing for me.	154 왜냐하면 날씨도 내 걱정을 안 하는does걸.
155	Oh, a sailor's life is the life for me.	155 나는 야 타고난 뱃사람.
156	Tiddle-ee-um pom pom	156 룰루랄라 빵 빵
157	Deedle dum dum dee...	157 쿵 쿵 쿵...
158	And I never ev...	158 나는 절대로...
159 도도	Ahoy, and _____ nautical expressions.	159 아호이! 그리고 뱃사람의 다른other 말이지.
160	Land ho, _____ _____.♥♥	160 육지가 보인다, 이럴수가by jove!
161 새	Where _____, Dodo?	161 어느 쪽away이야, 도도?
162 앨리스	Dodo?	162 도도라고?
163 도도	Three _____ to starboard.♥♥♥	163 우현으로 세시points 방향.
164	_____ _____, me hearties.♥♥♥♥	164 방향을 돌려Pull away. 친구.
165	Have you in _____ in no time at all now. Oh...	165 이제 눈 깜짝할 사이에 항구port에 도착할 거야. 오...
166 앨리스	Mr. Dodo. Please. Please _____ me.	166 도도님! 제발. 제발 저 좀 도와help주세요.
167	Pardon me, but would you _____ helping me? Please?	167 도와주세요, 저를 도와주시는 것이 싫지는mind 않겠지요? 제발요?
168	Yoo-hoo! Yoo-hoo!	168 여기요! 여기요!
169	Help me. Please.	169 저를 도와주세요. 제발요.
170	Help me.	170 도와주세요.

♥ o'er는 over의 줄임말입니다. ♥♥ by jove에서 jove는 jupiter의 약자로, 18~19세기 영국에서 By god 대신에 쓴 말입니다.
♥♥♥ 정확히는 33.45°를 말합니다. ♥♥♥♥ my를 안 쓰고 me를 썼는데, 구어체에서 쓰는 일종의 관용구입니다.

감상 인생에서 한 문제가 해결됐다 싶으면 또 다른 문제가 터지곤 합니다. 그리고 생각지 못한 방법으로 문제가 해결되는 경우도 많습니다. 다. 몸이 줄었지만, 열쇠가 없었고, 열쇠가 생겼지만, 정작 열쇠가 아닌 방식으로 문을 빠져나가는 모습이 꼭 현실 같습니다.

6 즐거운 코커스 경주

11:38~ | 1 2 3 4 5 **6** 7 8 9 10 11 12 13 14 15 16 17 18 19 20

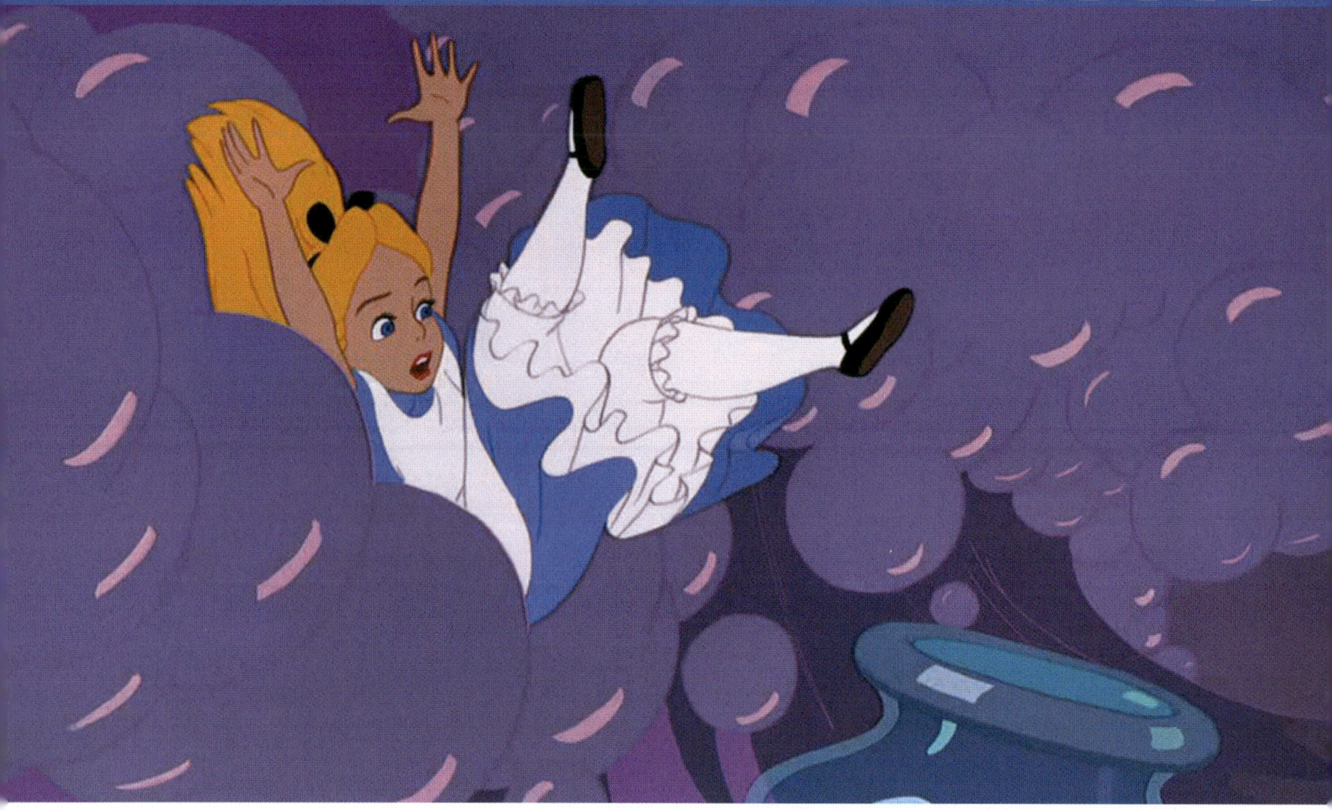

171	합창	Forward, backward, inward, outward,	171 앞으로, 뒤로, 안으로, 밖으로 와서.
172		C_____ a_____ join the chase.	172 이리 와서 Come and 함께 쫓아갑시다.
173		Nothing could be d_____ than a jolly caucus race.	173 더 잘 말리 drier 는 데에는 '즐거운 단체 경주'가 최고.
174		Backward, forward, outward, inward	174 에요. 뒤로, 앞으로, 밖으로, 안으로
175		b_____ to the top.	175 바닥 bottom 에서 꼭대기까지,
176		Never a b_____, there can never be a s_____.	176 시작 beginning 이 없으면, 끝 stop 도 없다네.
177	도도	Skipping, hopping, tripping, fancy-free and gay,	177 뛰고, 구르고, 자유롭고, 즐겁게,
178		That's all they did t_____ but will f_____ yesterday.	178 저게 내일 tomorrow 했던 모든 것인데, 끝난 finish 건 어제네.
179	합창	Round and round and round,	179 빙글빙글 돌아보자,
180		we go u_____ for ever more.	180 언제까지나 until.
181		O_____ we were b_____,	181 전에 Once 우리가 뒤쳐졌었 behind 지만, 지금은
182		but now we f_____ we are be-.	182 (원래 자리에) 있는 것을 알지 find (앞서거니 뒤서거니)
183	도도	Forward, backward, inward, outward,	183 앞으로, 뒤로, 안으로, 밖으로,
184		come and join the chase.	184 와서 함께 쫓아갑시다.
185		Nothing could be drier t_____ a jolly caucus race.	185 '즐거운 단체 경주'보다 than 더 잘 말리는 건 있을 수 없다.
186	도도	Backward, I say, you'll never g_____ dry that way.	186 뒤로, 말했잖아, 그런 식으론 몸이 말려질 get 수 없어.

187 🐦 앨리스	Get dry?	187	말려요?
188 🐦 도도	Have to _____ with the others.	188	딴 애들과 같이 뛰어야run 해.
189 🐦	First _____ of the caucus race, you know?	189	단체 경주의 첫 번째 규칙rule이야, 너도 알지?
190 🐦 앨리스	But how _____ I...?	190	하지만 제가 어떻게 할 수can...?
191 🐦 도도	That's _____.	191	훨씬 낫네better.
192 🐦	_____ you dry in no time now.♥	192	이제 곧 몸이 마르게해줄게Have.
193 🐦 앨리스	No one can _____ get dry this way.	193	이런 식으로 누구도 절대ever 몸을 말릴 수 없어요.
194 🐦 도도	Nonsense. I'm as dry as a _____ already.	194	무슨 소리! 난 벌써 뼈bone처럼(바짝) 말랐는 걸.
195 🐦 앨리스	Yes, but...	195	그래요, 하지만...
196 🐦 도도	All right chaps, _____ have it now.	196	자, 친구들, 이제 해봅let's시다.
197 🐦	Look _____.	197	신나게lively 보이도록.
198 🐦 앨리스	_____ white rabbit. Mr. Rabbit. Mr. Rabbit.	198	그The 하얀 토끼다. 토끼님. 토끼님.
199 🐦 토끼	Oh, my goodness. I'm late. I'm late.	199	세상에, 늦었다. 늦었어. 늦었다고.
200 🐦 앨리스	_____ go away. I'll be right back.	200	멀리 가지 마세요Don't. 금방 돌아올게요.
201 🐦 토끼	I'm late, I'm late, I'm late, I'm late.	201	늦었어, 늦었어, 늦었다고, 늦어버렸어.
202 🐦 도도	Don't _____ on the fish.	202	조심해. 물고기 밟지 마step!
203 🐦	_____ it, there.	203	거기, 조심해Watch.
204 🐦	Stop _____ that mackerel.	204	거기 고등어 차지kicking 말고.
205 🐦	Brilliant. Jolly _____ _____.	205	멋지네. 아주 잘했어well done.

7 트위들 덤과 트위들 디

206 앨리스: Mr. Rabbit. Oh, Mr. Rabbit.
207 Oh, dear. I'm s_____ he c_____ this way.
208 Do you s_____ he could be h_____?
209 Hmm. Not h_____.
210 I w_____...
211 No. I suppose he m_____ have...♥
212 Why. What peculiar l_____ figures.
213 Tweedle Dee and Tweedle Dum.
214 트위디: If you t_____ we're waxworks,
215 you ought to p_____, you know.
216 트위덤: Contrariwise, if you think we're a_____,
217 you ought to s_____ to us.
218 트위디/덤: That's logic.
219 앨리스: Well...It's b_____ nice m_____ you. Goodbye.
220 트위디: You're b_____ backwards.
221 트위덤: Aye, the first thing in a v_____ is to s_____...
222 트위디/덤: How do you do and shake hands.

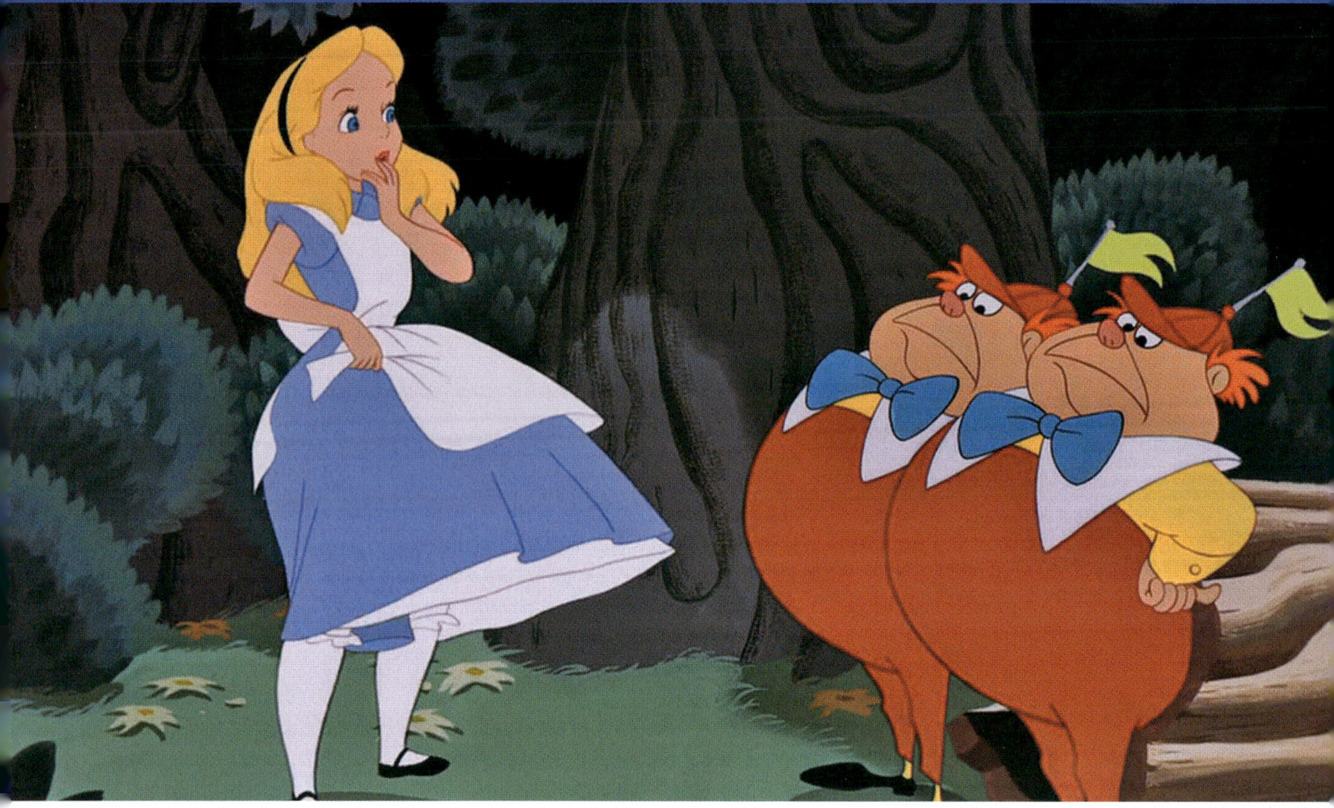

206 토끼님. 이런, 토끼님.
207 아이고. 분명히sure 이쪽으로 왔는데came
208 당신은 생각하니suppose요/ 그가 숨어있다hiding고?
209 흠. 여기here도 없고...
210 궁금하네wonder...
211 아니야. 내 생각에 그는 분명히must...
212 어머나. 정말 특이하고 작게little 생겼다.
213 트위들 디와 트위들 덤.
214 우리가 인형이라고 생각한다think면,
215 돈을 내야pay하고, 알겠지.
216 반대로, 우리가 살아있다alive고 생각한다면,
217 말을 걸어야speak 해.
218 그게 논리적으로 맞아.
219 그렇다면... 만나서 반가웠어been/meeting, 잘있어.
220 너는 뒤에서부터 시작beginning하고 있어.
221 처음 만나서visit 해야 하는 말say은...
222 반가워요/ 악수를 하고.

1 자막 없이 1회
2 한글 자막 1회
3 책의 빈칸 받아쓰기 1~20회
4 영어 자막 보고 따라 말하기 50회
5 자막 없이 들리는 대로 따라 말하기 40회

223 트위디/덤	shake hands, shake hands.	223 악수를 하고, 악수를 하고.
224	How do you do and shake hands.	224 반가워요 악수를 하고,
225	_____ your _____ and _____.	225 말해야 state 해/ 이름 name과 용건 business을.
226 트위디/덤	That's _____.	226 그게 예의 manners야.
227 앨리스	Really? Well, my name is Alice,	227 그래? 그렇다면, 내 이름은 앨리스이고,
228	and I'm _____ a white rabbit, so...	228 난 하얀 토끼를 쫓아 following 왔어, 그래서...
229 트위디/덤	You can't _____ yet.	229 아직 가면 go 안돼.
230	No, the visit has just _____.	230 맞아, 방금 만남을 시작했 started 잖아.
231 앨리스	I'm very sorry.	231 정말 미안해.
232 트위디/덤	Would you like to _____ hide-and-seek?	232 술래잡기 놀이하지 play 않을래?
233	Or Button, button? Who's♥♥ _____ the button?	233 아니면 단추 놀이? 누가 버튼을 갖고 got 있게?
234 앨리스	No, thank you.	234 아니야, 말은 고맙지만.
235 트위디/덤	If you _____ long enough,	235 조금만 더 있으면 stay,
236	we might have a _____.	236 우리가 싸움 battle을 할지도 몰라.
237 앨리스	That's very _____ of you, but I must be _____.	237 아주 친절한 kind 얘기지만, 난 이제 가봐야 going 해.
238 트위디/덤	Why?	238 왜?
239 앨리스	Because I'm following a white rabbit.	239 하얀 토끼를 따라가야 하니까.
240 트위디/덤	Why?	240 왜?
241 앨리스	Well, I, I'm curious to know _____ he's going.	241 그것은, 나, 나는 그가 어디로 where 가는지 궁금하거든.
242 트위디/덤	Oh, she's curious.	242 이런, 그녀는 궁금하대.
243	The oysters were curious, too, _____ they?	243 굴들도 호기심이 많았어, 그랬지 weren't?
244	Aye, and you _____ what happened to them?	244 맞아, 그래서 어떻게 됐는지 기억나 remember 지?
245	_____ things.	245 불쌍한 Poor 녀석들.
246 앨리스	Why? What _____ happen to the oysters?	246 굴이 어떻게 됐는데 did?
247 트위디/덤	Oh, you wouldn't be _____.	247 넌 관심 interested 없잖아.
248 앨리스	But I am.	248 그래도 난 관심있어.
249 트위디/덤	Oh, no. You're in much too much of a _____.	249 아냐, 넌 너무 바쁜 hurry 몸이잖아.
250 앨리스	Well, _____ I could spare a little time.	250 그랬지, 아마 perhaps 잠깐 시간을 낼 수 있어.
251 트위디/덤	You could? Well...	251 그래? 그렇다면...

♥ must have를 빨리 발음하면 '머스탭'이 됩니다.　♥♥ Who has를 줄여서 Who's로 쓸 수 있습니다.

감상 말과 글에서 가장 강력한 것은 '호기심'을 자극하는 것입니다. '호기심'이 생기면 끝까지 듣게 되거든요. 쌍둥이는 앨리스가 원하는 것을 알기 위해서 계속 '왜'를 물어봤고, 이후에는 앨리스의 호기심을 자극하려고 '불쌍한 굴' 이야기를 꺼냅니다. 앨리스가 관심을 보이자 한걸음 물러서며(아니야, 넌 너무 바쁘잖아) 더 자극하는 모습이 인상적입니다.

8 바다표범과 목수 1/3

15:03~ ① ② ③ ④ ⑤ ⑥ ⑦ **⑧** ⑨ ⑩ ⑪ ⑫ ⑬ ⑭ ⑮ ⑯ ⑰ ⑱ ⑲ ⑳

1 자막 없이 1회
2 한글 자막 1회
3 책의 빈칸 받아쓰기 1~20회
4 영어 자막 보고 따라 말하기 50회
5 자막 없이 들리는 대로 따라 말하기 40회

252 트위디/덤 'The Walrus♥ and the Carpenter'
253 O_____ 'The Story of the Curious Oysters.'
254 The s_____ was shining on the s_____,
255 shining with all h_____ might.
256 He did his very best to m_____ the billows smooth and bright.
257 And this was o_____ because it was
258 the m_____ of the n_____,
259 The walrus and the carpenter were walking c_____ at h_____.
260 The b_____ was w_____ from side to side, but much too full of s_____
261 트위디/덤 Mr. Walrus, s_____ the carpenter.
262 목수 My b_____ begins to perk.
263 We'll s_____ this clear in h_____ a year,

252 '바다표범과 목수 이야기'
253 또는Or '호기심 많은 굴 이야기'.
254 햇님sun이 바다sea를 비추던 날,
255 그의his 온 힘을 다해 비췄지.
256 그는 파도들을 부드럽고 밝게 만들기make 위해서 최선을 다했어.
257 그리고 이것이 정말 이상한odd 건
258 한밤중middle/night이었던 사실이야.
259 바다표범과 목수는 손 닿을만큼 가까이close/hand에서 걷고 있었어.
260 해변beach은 매우 넓었wide지만, 모래sand뿐이었어.
261 목수가 말했어said, 바다표범님.
262 뇌(머리)brain이 활발해지기 시작했어요.
263 깨끗하게 이것(모래)을 다 쓸어내야sweep 겠어요/ 반half년 동안,

264 ▶ 목수 if you don't m_____ the work.

265 ▶ 바다표범 Work?

266 ▶ "The _____ has come"

267 ▶ 트위디/덤 The walrus said,

268 ▶ 바다표범 To talk of _____ things

269 ▶ of shoes and _____ and sealing wax

270 ▶ and cabbages and kings.♥♥

271 ▶ And why the sea is boiling _____,

272 ▶ and whether _____ have _____.

273 ▶ Caloo, callay, no work _____.

274 ▶ We're cabbages and kings.

264 당신이 일하기 싫지mind 않다면요.

265 일이라고?

266 "드디어 때(올 것)time가 왔군"

267 바다표범이 말했어,

268 다른other 것들에 대해 말하는 것

269 신발과 배들ships에 대해, 왁스로 빈틈 메우기와

270 양배추와 왕(다양한 이야깃거리)에 대해.

271 그리고 왜 바다는 뜨겁게hot 끓듯이 파도치고,

272 돼지들pigs은 날개들wings을 가졌는지.

273 야호, 오늘은today 일하지 말자.

274 그냥 떠들며 놀고 먹자구.

서평을 쓰신 모든 분께 원서 일부의 번역과 원서 전체 PDF를 드립니다. 이벤트 참여 주소: goo.gl/t82zhe

※ 1-1 Mike가 가장 재미있게 본 <이상한 나라의 앨리스>의 장면

So they went up to the Mock Turtle, who looked at them with large eyes full of tears, but said nothing.

'This here young lady,' said the Gryphon, 'she wants for to know your history, she do.'

'I'll tell it her,' said the Mock Turtle in a deep, hollow tone: 'sit down, both of you, and don't speak a word till I've finished.'

So they sat down, and nobody spoke for some minutes. Alice thought to herself, 'I don't see how he can EVEN finish, if he doesn't begin.' But she waited patiently.

'Once,' said the Mock Turtle at last, with a deep sigh, 'I was a real Turtle.'

These words were followed by a very long silence, broken only by an occasional exclamation of 'Hjckrrh!' from the Gryphon, and the constant heavy sobbing of the Mock Turtle. Alice was very nearly getting up and saying, 'Thank you, sir, for your interesting story,' but she could not help thinking there MUST be more to come, so she sat still and said nothing.

'When we were little,' the Mock Turtle went on at last, more calmly, though still sobbing a little now and then, 'we went to school in the sea. (p.77 계속)

앨리스 원서 1-1

♥ Walrus는 '바다코끼리'를 말하지만 여기서는 '바다표범'으로 줄여 썼습니다.
♥♥ Cabbages and Kings는 '거울 나라의 앨리스'에 등장하는 시입니다. 나중에 오 헨리가 같은 제목의 소설을 출간하기도 합니다.
감상 목수가 굴을 찾아내지만, 바다표범이 굴에게 다가갑니다. 굴은 누구 것일까요? 바다표범의 비열한 표정을 참 잘 그렸네요.

팁&감상

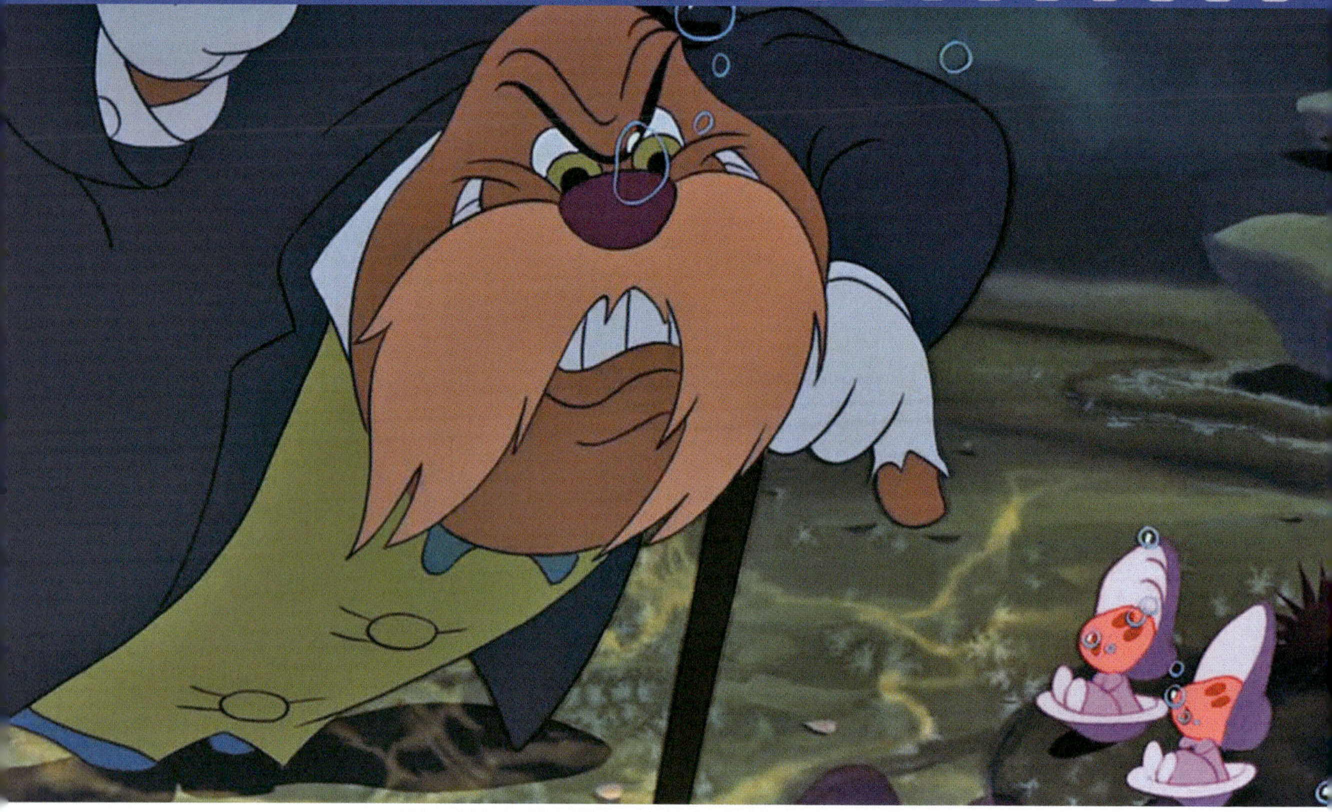

9 바다표범과 목수 2/3

16:18~

275 바다표범 Oh, oysters, come and w_____ with us
276 T_____ d_____ is w_____ and bright.
277 A pleasant walk, a pleasant t_____ would be a sheer delight.
278 목수 And should we get h_____ on the w_____,
279 we'll stop and h_____ a bite.
280 트위디/덤 But Mother Oyster w_____ her e_____
281 and shook her h_____ head
282 She knew t_____ well this was no time
283 to l_____ her oyster b_____.
284 엄마굴 The sea is n_____,
285 take my a_____.
286 And stay right h_____.
287 트위디/덤 Mum s_____.
288 바다표범 Yes, yes, of course, of course. But, ha-ha,
289 the time has come, my l_____ friends,
290 to t_____ of other things

275 굴들아, 우리한테 와서 산책walk하자.
276 날씨The day가 따뜻하고 warm 맑아.
277 즐겁게 산책하며 얘기talk를 나누면 아주 기쁠거야.
278 그리고 배가 고프면hungry/ 가는 길way에,
279 멈춰서 한 입씩 베어먹자have.
280 그러나 엄마 굴은 눈으로 윙크winked/eye하고
281 무거운heavy 고개를 저었죠.
282 그녀는 아주too 잘 알았으니까요/ 어린 굴들이 (굴)
283 밭을 떠나면leave/bed 위험하다는 것을요.
284 바다가 좋아(안전해)nice,
285 내 충고advice를 들어.
286 그냥 여기here 있도록 해.
287 엄마가 말했지said.
288 그래, 맞아, 물론이지! 하지만, 하하,
289 그 때가 왔어, 나의 작은little 친구들아,
290 다른 것들에 말해야talk 할 때가/

291 🦭 바다표범 of shoes and ships and sealing wax, cabbages and kings

292 🦭 And why the sea is boiling hot

293 🦭 and _____ pigs have wings.

294 🦭 Caloo, callay, come _____ away

295 🦭 _____ cabbages and kings.

291 신발과 배에 대해, 왁스와 양배추와 왕들에 대해

292 그리고 왜 바다는 끓듯이 파도치고

293 돼지는 날개를 가졌는지 whether.

294 야호, 날 따라와 run

295 여러가지 이야기로 with.

서평을 쓰신 모든 분께 원서 일부 | 의 번역과 원서 전체 PDF를 드립니다. 이벤트 참여 주소: goo.gl/t82zhe

※ 1-2 Mike가 가장 재미있게 본 <이상한 나라의 앨리스>의 장면

The master was an old Turtle--we used to call him Tortoise--'

'Why did you call him Tortoise, if he wasn't one?' Alice asked.

'We called him Tortoise because he taught us,' said the Mock Turtle angrily: 'really you are very dull!'

'You ought to be ashamed of yourself for asking such a simple question,' added the Gryphon; and then they both sat silent and looked at poor Alice, who felt ready to sink into the earth. At last the Gryphon said to the Mock Turtle, 'Drive on, old fellow! Don't be all day about it!' and he went on in these words:

'Yes, we went to school in the sea, though you mayn't believe it--'

'I never said I didn't!' interrupted Alice.

'You did,' said the Mock Turtle.

'Hold your tongue!' added the Gryphon, before Alice could speak again. The Mock Turtle went on.

'We had the best of educations--in fact, we went to school every day--'

'I'VE been to a day-school, too,' said Alice; 'you needn't be so proud as all that.'

'With extras?' asked the Mock Turtle a little anxiously.

'Yes,' said Alice, 'we learned French and music.'

'And washing?' said the Mock Turtle.

'Certainly not!' said Alice indignantly.

'Ah! then yours wasn't a really good school,' said the Mock Turtle in a tone of great relief. 'Now at OURS they had at the end of the bill, "French, music, AND WASHING--extra."'

'You couldn't have wanted it much,' said Alice; 'living at the bottom of the sea.'

'I couldn't afford to learn it.' said the Mock Turtle with a sigh. 'I only took the regular course.'

'What was that?' inquired Alice.

(p.81 계속)

앨리스 원서 1-2

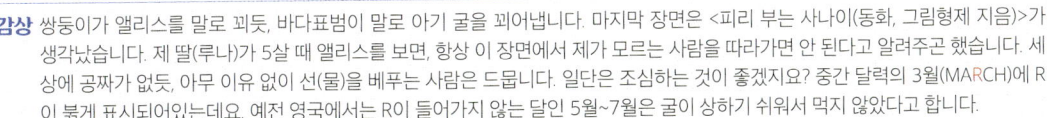

감상 쌍둥이가 앨리스를 말로 꾀듯, 바다표범이 말로 아기 굴을 꾀어냅니다. 마지막 장면은 <피리 부는 사나이(동화, 그림형제 지음)>가 생각났습니다. 제 딸(루나)가 5살 때 앨리스를 보면, 항상 이 장면에서 제가 모르는 사람을 따라가면 안 된다고 알려주곤 했습니다. 세상에 공짜가 없듯, 아무 이유 없이 선(물)을 베푸는 사람은 드뭅니다. 일단은 조심하는 것이 좋겠지요? 중간 달력의 3월(MARCH)에 R이 붉게 표시되어있는데요. 예전 영국에서는 R이 들어가지 않는 달인 5월~7월은 굴이 상하기 쉬워서 먹지 않았다고 합니다.

10 바다표범과 목수 3/3

18:27~ | 1 2 3 4 5 6 7 8 9 **10** 11 12 13 14 15 16 17 18 19 20

1 자막 없이 1회
2 한글 자막 1회
3 책의 빈칸 받아쓰기 1~20회
4 영어 자막 보고 따라 말하기 50회
5 자막 없이 들리는 대로 따라 말하기 40회

296 바다표범	Um, um, well, now, let me see.	296 자, 이제, 어디 보자.
297	Ah. A loaf of b_____ is what we chiefly n_____.	297 아. 우선 빵bread 한 덩어리가 필요한데need.
298 목수	And how a_____ some pepper and s_____ and vinegar, eh?	298 그리고 후추하고 소금, 식초도 있으면about/ salt 어떨까?
299 바다표범	Well, yes, yes, splendid i_____.	299 그래, 맞아, 훌륭한 생각idea이야.
300	Ha, Ha. Very good i_____.	300 하, 하. 정말로indeed 아주 좋다고.
301	Now, if you're ready, oysters, d_____, ha, ha,	301 그럼 준비들 됐니, 사랑스러운dear 굴들아, 하, 하,
302	we can b_____ the f_____.	302 어디 식사를 시작해begin/feed 볼까.
303 아기굴	Feed? (Special Today OYSTERS on the half shell)	303 식사? (오늘의 특별 요리 반쪽 껍질에 올려진 '굴')
304 바다표범	Oh, yes.	304 그래, 맞아.
305	The time h_____ come, my little friends,	305 때가 됐다has, 나의 작은 친구들아,
306	to talk of f_____ and things	306 음식food과 그런 것들(양념)을 얘기할 때야
307 목수	o_____ peppercorns and mustard s_____ and other seasonings.♥	307 후추와 겨자씨를 (뿌리고) 다른 양념들에 대해서of/seed.
308	We'll m_____ t_____ all t_____ in a sauce	308 그것들을 모두 함께 섞으면mix/them/together
309	that's f_____ for kings	309 왕에게 딱 어울리는fit (최상의) 소스가 된단다
310	Caloo, callay, we'll eat t_____.	310 야호, 우린 오늘today 먹을거야.

311 목수 _____ cabbages and kings.

312 바다표범 I, er, I, I _____ for you, I...
313 _____ me, I _____ sympathize.
314 For I've _____ your company much more
315 than you _____.
316 목수 Little oysters, little oysters!
317 트위디 But _____ there came _____.
318 트위덤 And this was scarcely _____ because
319 트위디/덤 they'd been _____, every one.
320 바다표범 Hmm. Well, er... haha, haha, haha...
321 The time has come.
322 트위디/덤 With cabbages and kings.

323 트위디/덤 _____ end.

311 여러 이야기처럼like.

312 나, 흑, 나는...너희들 때문에 정말 슬프구나weep, 나는...
313 날 용서해줘Excuse, 정말deeply 마음이 아파.
314 왜냐하면 너희들과 훨씬 더 즐거웠거든enjoyed/
315 네가 느낀 것realize보다.
316 어린 굴들아, 어린 굴들아!
317 하지만 아무리 불러도 대답answer이 없었어none.
318 이상할odd 것도 거의 없지 왜냐하면
319 그것들은 전부 먹혔eaten으니까, 하나도 남김없이.
320 흠. 그렇다면, 어... 하하, 하하, 하하...
321 올 것이 왔군.
322 여러 가지 이야기로.

323 진짜The 끝.

♥ of을 'about(~에 대해about)'처럼 쓸 수 있습니다. about보다 더 직접적인 어감이에요.
감상 목수가 집도 만들고, 빵도 준비했는데, 바다표범이 뒤통수를 칩니다. 이 이야기의 교훈이라면 '믿을 사람은 하나도 없다?'라고 할까요. 한국 사회는 법적으로 사기꾼에 관대해서 사기꾼이 판을 치니 모두들 조심하셨으면 좋겠습니다. 되도록 받지 못하리라 생각하고 돈을 빌려주던지, 아무리 친한 사이라도 보증을 서지 않는 것이 좋습니다. 참고로 원작에서는 바다코끼리와 목수 둘 다 굴을 먹습니다.

11 아버지 윌리엄

20:15~ | 1 2 3 4 5 6 7 8 9 10 **11** 12 13 14 15 16 17 18 19 20

324 앨리스	That was a very s_____ story.	324 너무 슬픈 sad 이야기다.
325 트위디/덤	Aye. And there's a moral to it.	325 맞아. 배울 점도 있지.
326 앨리스	Oh, yes, a v_____ good moral,	326 그래, 맞아. 아주 very 좋게 교훈적이었어,
327	if you h_____ t_____ b_____ an oyster.	327 네가 혹시 happen to be 굴이라면.
328	Well, it's been a very n_____ v_____.	328 자, 그럼 만나서 즐거웠어 nice visit.
329 트위디/덤	A_____ recitation.	329 다른 Another 얘기도 해줄게.
330 앨리스	I'm sorry b_____...	330 미안하지만 but 난...
331 트위디/덤	Entitled 'Father William'.	331 제목은 '아버지 윌리엄'.
332 앨리스	But r_____ I'm...	332 하지만 정말 really 난...
333 트위디/덤	F_____ verse:	333 첫번째 First 절:
334	You are o_____ Father William,	334 아버진 늙으셨어요 old,
335	the young man s_____.	335 아들이 말했지 said.
336	And your h_____ has b_____ very white.	336 그리고 머리 hair도 아주 희게 됐고요 become.
337	And yet you incessantly stand on your h_____.	337 그런데도 계속해서 머리 head로(거꾸로) 서 계시죠.
338	Do you think at your a_____ it is right? it's right?	338 그 나이 age에 그러고 싶으세요? 그게 좋다고?
339	Do you think at your a_____ it is right?	339 그럴 나이 age라고 생각하세요?
340	Well, In my y_____,	340 글쎄말. 내가 젊을 youth 적에는,

341 🐟 트위디/덤 **father William** _____ to his _____. 341 아버지가 아들에게 대답했지 replied/son.

342 🐟 I'd _____ _____ again and again and again... ♥ 342 그것을 하곤 했다 do it / 또 하고 또 하고...

서명을 쓰신 모든 분께 원서 일부「」의 번역과 원서 전체 PDF를 드립니다. 이벤트 참여 주소: goo.gl/t82zhe

🎬 1-3 Mike가 가장 재미있게 본 <이상한 나라의 앨리스>의 장면

'Reeling and Writhing, of course, to begin with,' the Mock Turtle replied;

'and then the different branches of Arithmetic--Ambition, Distraction, Uglification, and Derision.'

'I never heard of "Uglification,"' Alice ventured to say. 'What is it?'

The Gryphon lifted up both its paws in surprise. 'What! Never heard of uglifying!' it exclaimed. 'You know what to beautify is, I suppose?'

'Yes,' said Alice doubtfully: 'it means--to--make--anything--prettier.'

'Well, then,' the Gryphon went on, 'if you don't know what to uglify is, you ARE a simpleton.'

Alice did not feel encouraged to ask any more questions about it, so she turned to the Mock Turtle, and said 'What else had you to learn?'

'Well, there was Mystery,' the Mock Turtle replied, counting off the subjects on his flappers, '--Mystery, ancient and modern, with Seaography: then Drawling--the Drawling-master was an old conger-eel, that used to come once a week: HE taught us Drawling, Stretching, and Fainting in Coils.'

'What was THAT like?' said Alice.

'Well, I can't show it you myself,' the Mock Turtle said: 'I'm too stiff. And the Gryphon never learnt it.'

'Hadn't time,' said the Gryphon: 'I went to the Classics master, though. He was an old crab, HE was.'

'I never went to him,' the Mock Turtle said with a sigh: 'he taught Laughing and Grief, they used to say.'

'So he did, so he did,' said the Gryphon, sighing in his turn; and both creatures hid their faces in their paws.

'And how many hours a day did you do lessons?' said Alice, in a hurry to change the subject.

'Ten hours the first day,' said the Mock Turtle: 'nine the next, and so on.'

'What a curious plan!' exclaimed Alice.

'That's the reason they're called lessons,' the Gryphon remarked: 'because they lessen from day to day.'

This was quite a new idea to Alice, and she thought it over a little before she made her next remark. 'Then the eleventh day must have been a holiday?'

'Of course it was,' said the Mock Turtle.

'And how did you manage on the twelfth?' Alice went on eagerly.

'That's enough about lessons,' the Gryphon interrupted in a very decided tone: 'tell her something about the games now.' 🎬

♥ would를 줄여서 쓴 것입니다. 만약 had를 줄인 것이라면 do가 아니라 done을 써야 합니다.

감상 앨리스가 걸음을 재촉하자, 쌍둥이들은 앨리스의 말을 무시하고 이야기를 계속합니다. 쌍둥이들이 꼭 영업 판매사원 같다고 생각했습니다. 쌍둥이가 노래한 것은 영국의 시인인 로버트 사우디(Robert Southey)의 늙은 사람의 안락함과 그것을 얻은 방법(The Old Man's Comforts and How He Gained Them)을 패러디한 것 입니다.

12 집채만 한 앨리스 1/3

20:53~ | 1 2 3 4 5 6 7 8 9 10 11 **12** 13 14 15 16 17 18 19 20

1 자막 없이 1회
2 한글 자막 1회
3 책의 빈칸 받아쓰기 1-20회
4 영어 자막 보고 따라 말하기 50회
5 자막 없이 들리는 대로 따라 말하기 40회

343 앨리스 I w_____ who l_____ here.
344 토끼 Mary Ann. Drat that girl.
345 W_____ could she have p_____ them?
346 Mary Ann?
347 앨리스 The rabbit.
348 토끼 Mary Ann?
349 No u_____, can't w_____,
350 I'm a_____ late.
351 Oh me, oh my, oh me, oh my.
352 앨리스 Excuse me, sir, but, but I've been t_____ to...
353 토끼 Why, Mary Ann, what are you doing o_____ here?
354 앨리스 Mary Ann?
355 토끼 Don't j_____ do something, s_____ there.
356 No, no. go, go, go get my g_____.
357 I'm late.
358 앨리스 But late f_____ what?
359 T_____ just what I...

343 여긴 누가 사는지 궁금해wonder/lives.
344 메리 앤! 괘씸한 소녀.
345 그녀가 그걸 어디에Where 두었지put?
346 메리 앤?
347 토끼다.
348 메리 앤?
349 소용use 없어, 기다릴wait 수 없어,
350 끔찍히도awfully 늦었다.
351 이런, 세상에, 이런, 이런.
352 실례합니다만, 님, 하지만, 저는 계속해서 노력trying...
353 아니, 메리 앤, 여기 밖에서out 뭘 하고 있는 거야?
354 메리 앤?
355 단지just 꼼짝 말고, 거기 서stand 있어.
356 아니, 아냐, 아냐, 가서 내 장갑gloves을 찾아와.
357 늦었단 말이야.
358 무엇 때문에for 늦었는데요?
359 전 그냥 그게That's 알고 싶어서...

360	토끼	My gloves! _____ _____!	360 장갑 찾아와! 당장At once!
361		Do you _____?	361 듣고hear 있지?
362	앨리스	Goodness.	362 세상에.
363		I suppose	363 내 생각엔
364		I'll be _____ _____ from Dinah _____.	364 다음엔 다이너도 명령하러 들겠네taking orders/next.
365		Hmm. Now, let me see.	365 흠. 이제, (찾아) 보자.
366		_____ _____ _____ a rabbit,	366 내가 토끼라면If I were,
367		_____ would I _____ my gloves?	367 장갑을 어디에where 뒀을keep까?
368		Oh. Thank you.	368 오, 고마워.
369		_____ mind if I do.	369 내가 먹어도 싫어하지 말길Don't.
370		Oh, no, no. Not _____.	370 이런, 안돼, 안돼. 또는again 싫은데.
371	토끼	Ohh! Mary Ann!	371 오! 메리 앤!
372		You see _____, Mary Ann.	372 여기서here 봤잖아, 메리 앤.
373		Help!	373 도와줘!
374		Help! No!	374 살려줘! 안돼!
375		Help! _____!	375 괴물이다Monster, 살려줘!
376		Help, _____!	376 살려줘요! 도와줘Assistance!
377	앨리스	Dear.	377 세상에.

감상 앨리스에는 다양한 이야기가 많이 나옵니다. 그래서 몇 년 지나면, 보(읽)고 나서도 무슨 내용이었는지 잘 기억이 안 납니다. 하지만, 몇 장면은 기억에 강하게 남는데요. 앨리스의 가장 유명한 장면 중 하나라고 할 수 있는 집에 몸이 끼는 장면입니다. 저 쿠키는 초반에 잠긴 문 앞에서도 한 번 먹었던 것인데, 또 같은 실수를 하네요. 허락 없이 남의 것(토끼의 쿠키)에 손대면 그 대가를 치르게 마련이지요.

13 집채만 한 앨리스 2/3

22:21~ | 1 2 3 4 5 6 7 8 9 10 11 12 **13** 14 15 16 17 18 19 20

1 자막 없이 1회
2 한글 자막 1회
3 책의 빈칸 받아쓰기 1~20회
4 영어 자막 보고 따라 말하기 50회
5 자막 없이 들리는 대로 따라 말하기 40회

378 토끼 A monster, a monster, Dodo, i_____ my house.
379 앨리스 Dodo?
380 토끼 Oh, my p_____ little bitty house.
381 도도 Steady, steady, old chap.
382   Can't be a_____ b_____ a_____ all that, you know.
383 토끼 Oh, my poor r_____ and rafters.
384   All my w_____. There it is!
385 도도 By jove. Jolly w_____ is, isn't it?
386 토끼 But do something, Dodo.
387 도도 Yes, i_____.
388   Extraordinary s_____, but...
389 토끼 But, but, but... but, but w_____?
390 도도 But I have a very simple s_____.
391 앨리스 Thank goodness.
392 토끼 Wha, what is it?
393 도도 Simply p_____ it o_____ the chimney.

378 괴물이다! 내 집 안에in 괴물이 있어, 도도.
379 도도?
380 이런, 불쌍하고poor 작은 나의 집.
381 진정하게, 진정해, 오랜 친구.
382 저것만큼 더 내빠질as bad as 수는 없을꺼야, 자네가 알듯이.
383 이런, 불쌍한 내 지붕roof과 지붕 받침들.
384 내 벽들walls! 저기 있어!
385 세상에. 정말well 괴물이란 게 있구나, 그렇지?
386 어떻게 좀 해봐, 도도.
387 정말indeed 알겠어.
388 특이한 상황situation이야, 하지만...
389 하지만, 하지만, 하지만 뭐what?
390 하지만 아주 간단한 해결책solution이 있지.
391 다행이다.
392 뭐, 뭔데?
393 그냥 굴뚝 밖으로 뽑아내면pull/out 돼

394	토끼	Yes, g, g, go ahead, go ahead, Pull it out.
395	도도	Who? Me? Don't be _____.
396		What we _____ is a...
397		a lizard with a _____.
398	토끼	Oh! Bill! Bill, we need
		a lazard with a lidder, lidder.
399		Can you help _____?
400	빌	_____ your _____, guv'nor.
401	도도	Bill, me lad, have you _____ been _____ a chimney?
402	빌	Why, guv'nor, I (have) been down _____ chimneys...
403	도도	Excellent, excellent.
404		You just _____ _____ the chimney
405		and haul that monster _____ _____ _____.
406	빌	Righto, guv'nor. Monster? Uah!
407	도도	Come now. _____ better, Bill, lad.
408		You're passing up a _____ _____.
409	빌	I am?
410	도도	You can be _____.
411	빌	I can?
412	도도	Of course. There's a _____ lad.
413		In you _____, now.
414		Nothing to it, _____ boy.
415		Simply _____ your _____ around
		the monster's _____ and _____ it out.
416	빌	But, but, but, guv'nor...
417	도도	Good _____, Bill.
418		_____... _____ goes Bill.
419	앨리스	_____ Bill.

394 그래, 어, 어, 어서, 어서해, 뽑아내!
395 누가? 내가? 말도 안되ridiculous게 굴지 마.
396 이 일을 하는데 필요한need 건...
397 사다리ladder를 가진 도마뱀이야.
398 오! 빌! 빌, 우리는 필요해/
사마리를 가진 도다뱀이, 사다뱀이...
399 우리를us 좀 도와줄래?
400 당신이 말씀만 하세요At/service, 주지사님(=governor).
401 이보게, 빌군, 굴뚝을 내려가 본 적ever/down이 있나?
402 그럼요, 주지사님, 굴뚝 내려가본 적이 많다구요more...
403 좋아, 아주 좋아.
404 굴뚝으로 내려가pop down
405 저 괴물을 거기서 밖으로out of there 끌어내게.
406 그러죠, 주지사님. 괴물이라구요? 으악!
407 진정하게. 저것이That's 더 좋은 일이야, 빌, 군.
408 황금같은golden 기회opportunity를 포기하는 거야.
409 그래요?
410 유명해famous질 수도 있어.
411 제가요?
412 그럼, 용감한brave 청년.
413 이제, 들어가go 보게나.
414 별거 아니야, 오랜old 친구.
415 그냥 묶어버려tie/ 너의 꼬리tail로
괴물의 목neck을/ 그리고 그것을 끌어내면drag 돼.
416 하지만, 하지만, 하지만, 주지사님...
417 행운luck을 비네, 빌.
418 저런Well... 빌이 저기there 날아가네.
419 불쌍한Poor 빌.

감상 역시 도도답게 자신이 처리하지 않고, 지나가는 '빌'을 불러 일을 처리하려고 합니다. 하지만 앨리스 근처에 가지도 못하는데요. 원작에서는 재채기가 아니라 앨리스의 발길질에 의해 빌이 굴뚝 밖으로 튀어 오르게 됩니다. 앨리스가 눈물바다에 빠졌을 때 도도가 도와줬다면 큰일 났었네요. 현실에서도 어떤 상관들은 자신도 못 해내는 일을 부하들에게 시킵니다. 심한 곳은 사람을 사람으로 안 보고 잠깐 쓰다 버리는 도구로 보는 곳도 있으니 조심해야 합니다.

14 집채만 한 앨리스 3/3

24:17~ | 1 2 3 4 5 6 7 8 9 10 11 12 13 **14** 15 16 17 18 19 20

420	도도	Perhaps we should t____ a more energetic r_____.	420 아마도 좀더 효과적인 해결책을 시도try/remedy 해야겠
421	토끼	Yes, anything, anything, but h_____.	421 는데. 그래, 뭐든 빨리hurry 해.
422	도도	I p_____ that we uh...	422 내가 제안하기엔propose 우리가...
423	토끼	Yes, go on, go on. Yes? Yes?	423 그래, 계속 말해. 뭔데? 뭔데?
424	도도	I propose that we...	424 내 생각에는 우리가...
425		D'oh! By jove, t_____ i_____!	425 아차! 좋아, 바로 그거야that's it!
426		We'll b_____ the house d_____.	426 집을 태워버리자burn/down.
427	토끼	Yes. B_____ the house...? What?	427 그래, 집을 태워버린다burn고...? 뭐라고?
428	앨리스	Oh, no.	428 이런, 안돼.
429	도도	Oh, ho ho. We'll s_____ the blighter out.	429 불을 피워smoke 녀석을 쫓아낼거야.
430		We'll p_____ the beast to rout.	430 괴물을 놓고put 궤멸시킬거야.
431		Some kindling, just a stick or t_____,	431 잘 타는 것, 단지 나뭇가지 한두two 개면 충분해,
432		ah, this bit of rubbish ought to do.	432 아, 이런 약간의 쓰레기가 해야만 해.
433	토끼	Oh, dear!	433 세상에!
434	도도	We'll smoke the blighter out.	434 불을 피워 녀석을 쫓아낼거야.
435		We'll smoke the m_____ out.	435 불을 피워 괴물monster을 쫓아낼거야.
436	토끼	No, no. Not my beautiful b_____ house.	436 아냐, 아냐. 내 아름다운 새bird같은 집을 태우면 안돼.

#			
437	도도	Oh, we'll _____ the blighter's _____.♥	437 이런, 녀석의 발가락을 태울roast/toes 거야.
438		We'll _____ the bounder's _____.	438 녀석의 코를 구울toast/nose 거야.
439		Just fetch that _____.	439 그 분싹gate을 줘.
440		We'll make it _____ that	440 분명하게|clear 해낼 거야
441		monsters aren't _____ here.	441 여기서 괴물들은 환영받지welcome 못 한다는 것을.
442	토끼	Oh, me, oh, my.	442 이런, 난, 이런, 나의.
443	도도	A _____.	443 성냥match 한 개만.
444	토끼	_____?	444 성냥match?
445	도도	Thank _____.	445 고마워you.
446		_____ a single _____,	446 의심할 필요 없이Without/doubt,
447		we'll smoke the monster out.	447 불을 피워 괴물을 쫓아낼거야.
448	토끼	We'll smoke the monster out.	448 불을 피워 괴물을 쫓아낼거야.
449		No, oh, no, my poor house and _____.	449 안돼, 이런, 안돼, 불쌍한 내 집, 내 가구furniture.
450	앨리스	Oh, dear. This is _____.	450 저런. 이거 심각한데serious.
451		I simply must... A _____!	451 무슨 방법을 찾아야 해... (채소)밭garden!
452		Perhaps if I _____ something,	452 아마도 뭔가를 먹으eat면
453		it will _____... me... _____ small.♥♥	453 날 작게 줄어들게 만들make/grow 거야.
454	토끼	Ow! Let go! Help!	454 오우! 풀어줘! 살려줘!
455	앨리스	I'm sorry, but I must eat _____.	455 미안하지만, 뭔가something를 먹어야겠어.
456	토끼	Not me, you... you, you, you, you... barbarian.	456 난 먹지마, 너... 너, 너, 너, 너... 야만인아.
457		Help! Monster! Help! I'm late. Oh, dear. I'm _____.	457 살려줘! 괴물이다!살려줘!늦었어!이런.내가여기|here있다니.
458		I _____ be _____. I'm late. I'm late.	458 거기에 가 있어야should/there 하는데, 늦었다. 늦었어.
459	도도	I _____, do you have a match?	459 내가 말하는데say, 성냥 가진 거 있나?
460	토끼	_____ go. Goodbye, hello.	460 난 가야만 해Must, 잘있어, 안녕.
461		I'm late, I'm late, I'm late.	461 난 늦었어, 늦었어, 늦었어.
462	앨리스	Wait! Please wait!	462 기다려요! 제발 기다려요!
463	도도	Ah, young _____, do you have a match?	463 아, 젊은 아가씨lady, 성냥 가진 거 있나요?
464	앨리스	No, I, I'm sorry but... Mr. Rabbit!	464 아뇨, 저, 저는 미안 하지만 없어요... 토끼님!
465	도도	No cooperation, no cooperation _____ _____.	465 전혀at all 협조가 안되고 있어.
466		Well, can't _____ monsters _____.♥♥♥	466 흠, 주변에 괴물을 가질have/about 수 없잖아.
467		Jolly well, have to _____ on _____.	467 좋아어, 혼자서 하는carry/alone 수밖에.

♥ 노래에서 라임을 맞췄습니다. **out, rout, toes/nose** ♥♥ 자란다고 하면 보통 커지는 것을 생각하는데 영어에서는 작게도 자랄 수 있 습니다. ♥♥♥ about을 전치사나 부사로 around(~의 주변에)로 쓸 수 있습니다. 여기에서는 부사로 쓴 것입니다.

감상 옛말에 빈대 잡으려고 초가삼간 태운다고, 도도는 앨리스 잡으려고 토끼 집을 태우려고 합니다. 앨리스의 재치 덕에 집이 타지는 않 지만, 현실에서는 잘못된 정책(혹은 일)의 부작용 때문에 오히려 문제가 커지는 경우도 많습니다.

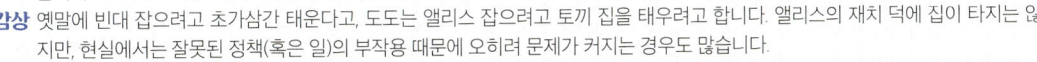

15 살아 있는 꽃들의 정원 1/3

26:14~ | 1 2 3 4 5 6 7 8 9 10 11 12 13 14 **15** 16 17 18 19 20

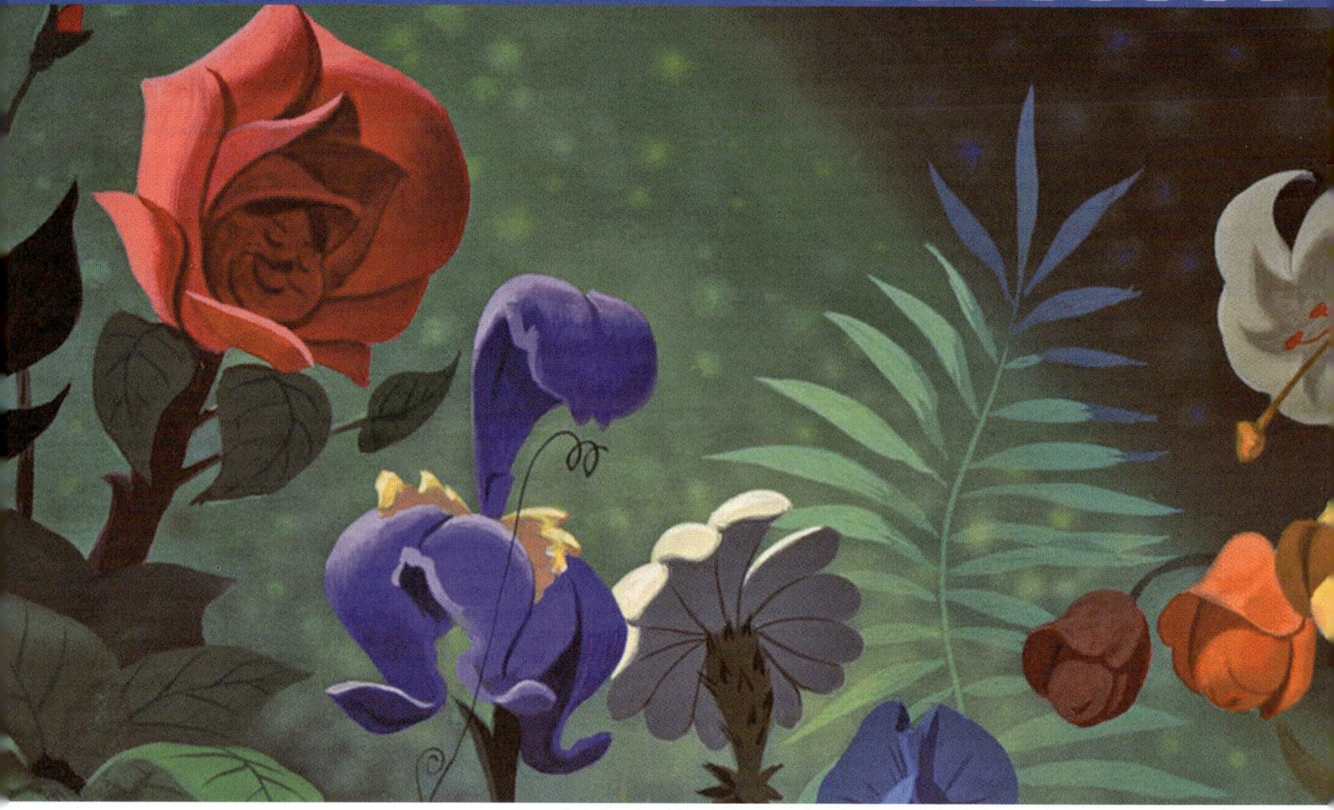

1 자막 없이 1회
2 한글 자막 1회
3 책의 빈칸 받아쓰기 1~20회
4 영어 자막 보고 따라 말하기 50회
5 자막 없이 들리는 대로 따라 말하기 40회

468 앨리스 Wait. Please. Just a m_____.
469 Oh, dear.
470 I'll never c_____ him w_____ I'm this s_____.
471 Curious b_____.
472 장미 You mean B_____-and-butterflies.
473 앨리스 Yes, of course, I... Hm?
474 Now, w_____ do you s_____?
475 A horsefly. I mean, a rocking-horsefly.
476 장미 N_____.
477 앨리스 I beg your pardon, but, uh, did you...?
478 Oh, that's nonsense.
479 F_____ can't talk.
480 장미 But o_____ c_____ we can talk, my dear.
481 창포 If there's anyone w_____ talking to,
482 에키네 or a_____.
483 팬지 And we s_____, too.
484 앨리스 You do?

468 제발, 기다려요. 잠깐만요minute.
469 이런.
470 쫓아갈catch 수없을 거야/이렇게 작아서는while/small.
471 신기하게 생긴 나비들butterflies이야.
472 빵Bread-나비 말이지.
473 그래, 맞아요, 저는... 응?
474 이제, 누구라고who 생각해요suppose?
475 말 잠자리구나. 내 말은, 흔들리는-말 잠자리네.
476 당연하지Naturally.
477 실례지만, 당신이...?
478 이런, 말도 안돼.
479 꽃flowers은 말할 수 없을 텐데.
480 하지만, 물론of course 우리들은 말 할 수 있어, 얘야.
481 말할 가치있는worth 상대만 있다면,
482 또는 관련된about 말할 것 (주제)이 있거나. (에키네시아)
483 그리고 우린 노래도 불러sing.
484 그래?

1	2	3	4	5	6	7	8	9	10	11	12	13	14	15	16	17	18	19	20	21	22	23	24	25	**100LS**
26	27	28	29	30	31	32	33	34	35	36	37	38	39	40	41	42	43	44	45	46	47	48	49	50	100번 듣고/말하기
51	52	53	54	55	56	57	58	59	60	61	62	63	64	65	66	67	68	69	70	71	72	73	74	75	한 번 할 때마다
76	77	78	79	80	81	82	83	84	85	86	87	88	89	90	91	92	93	94	95	96	97	98	99	100	숫자에 O 표시

㉑ ㉒ ㉓ ㉔ ㉕ ㉖ ㉗ ㉘ ㉙ ㉚ ㉛ ㉜ ㉝ ㉞ ㉟ ㊱ ㊲ ㊳ ㊴ ㊵

485 🐌 튤립 Oh, yes. Would you like to _____ 'Tell It To The Tulips'?

486 🐌 초롱꽃 No, let's sing about _____.

487 🐌 바이올렛 We _____ one about the _____ violet.

488 🐌 카라 Oh, no, not that _____ thing.

489 🐌 백합 Let's do '_____ lily of the _____'!

490 🐌 데이지 How about 'A daisy *duet*'?

491 🐌 수국 Oh, she _____ like that.

485 그래, 맞아. '튤립은 예뻐'란 노래를 듣고hear 싶니?

486 아냐. 우리us에 대한 노래를 부르자.

487 수줍은 작은 바이올렛이란 노래도 알잖아know/shy/little.

488 그렇게 옛날old 노래는 안돼.

489 '계곡의 아름다운Lovely/valley 백합'을 부르자!

490 '데이지 이중창'은 어때?

491 그녀가 그것은 좋아하지 않을거야wouldn't.

서명을 쓰신 모든 분께 원서 일부 의 번역과 원서 전체 PDF를 드립니다. 이벤트 참여 주소: goo.gl/t82zhe

---

※ 2-1 Mike가 가장 재미있게 본 <거울 나라의 앨리스>의 장면

CHAPTER V. Wool and Water

...Alice carefully released the brush, and did her best to get the hair into order. 'Come, you look rather better now!' she said, after altering most of the pins. 'But really you should have a lady's maid!'

'I'm sure I'll take you with pleasure!' the Queen said. 'Twopence a week, and jam every other day.'

Alice couldn't help laughing, as she said, 'I don't want you to hire ME--and I don't care for jam.'

'It's very good jam,' said the Queen.

'Well, I don't want any TO-DAY, at any rate.'

'You couldn't have it if you DID want it,' the Queen said. 'The rule is, jam to-morrow and jam yesterday--but never jam to-day.'

'It MUST come sometimes to "jam to-day,"' Alice objected.

'No, it can't,' said the Queen. 'It's jam every OTHER day: to-day isn't any OTHER day, you know.'

'I don't understand you,' said Alice. 'It's dreadfully confusing!'

'That's the effect of living backwards,' the Queen said kindly: 'it always makes one a little giddy at first--'

'Living backwards!' Alice repeated in great astonishment. 'I never heard of such a thing!'

'--but there's one great advantage in it, that one's memory works both ways.'

'I'm sure MINE only works one way,' Alice remarked. 'I can't remember things before they happen.'

'It's a poor sort of memory that only works backwards,' the Queen remarked. (p.99 계속)

앨리스 원서 2-1

감상 영어로 잠자리가 dragon-fly인데 한국말로는 '용-파리'정도 될 것 같습니다(용산 전자상가에 계신 분들을 비하하려는 뜻은 아닙니다.). 그 말을 응용해서 horse-fly, 즉 '말-파리'를 만들었네요. 영어로 나비가 'butter-fly'인데 한국말로 직역하면 '버터-파리'입니다. 그 말을 응용해서 bread-fly, 즉 '빵-파리'를 만들었습니다. 그리고 위에서 꽃들이 소개한 곡들이 실제로 있는 음악은 아닙니다. 오직 다음 장에 나오는 All in the Golden Afternoon만 원작(책)에 포함된 시입니다.

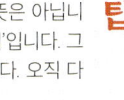

16 살아 있는 꽃들의 정원 2/3

27:17~ 1 2 3 4 5 6 7 8 9 10 11 12 13 14 15 **16** 17 18 19 20

1 자막 없이 1회
2 한글 자막 1회
3 책의 빈칸 받아쓰기 1~20회
4 영어 자막 보고 따라 말하기 50회
5 자막 없이 들리는 대로 따라 말하기 40회

492	장미 G_____. We s_____ sing 'Golden A_____'.	492 소녀들아Girls, '찬란한 오후'를 불러야해shall/Afternoon.
493	That's about a_____ o_____ u_____.	493 그건 우리 모두all of us에 대한 노래니까.
494	S_____ y_____ A, Lily.♥	494 너의 '라' 음을 소리 내봐Sound/your, 백합.
495	합창 **La!**	495 라!
496	**Me, me, me, me, me, me, me, me, me, me!**	496 미, 미, 미,미, 미, 미,미, 미, 미, 미!
497	**La, la, la, la, la, la, la, la, la!**	497 라, 라, 라, 라, 라, 라, 라, 라, 라!
498	**ha haha, ha haha, ha!**	498 하 하하 하 하하 하!
499	**poem, poem poem, poem poem poem, poem.**	499 범, 범범, 범범범, 범.
500	**L_____ bread-and-butterflies**	500 작은Little 빵나비가
501	**k_____ the tulips.**	501 튤립에 입맞춤kiss하고.
502	**And the sun is l_____ a toy b_____.**	502 태양은 장난감 풍선처럼like/balloon 부풀었네.
503	**There are g_____-up-in-the-morning g_____**	503 일어나는get-나팔꽃들이glories
504	**in the golden afternoon.**	504 눈부신 오후에서.
505	**There are d_____ daffodils on the h_____.**	505 언덕엔 수선화가 춤을추고dancing/hillside.
506	**S_____ of violets a_____ a_____ in t_____.**	506 바이올렛의 현(줄)Strings은are 모두all 음을 맞추네tune.
507	**T_____ lilies l_____ the dandelions.**	507 참Tiger나리는 노란 민들레를 사랑한다네love.

1	2	3	4	5	6	7	8	9	10	11	12	13	14	15	16	17	18	19	20	21	22	23	24	25
26	27	28	29	30	31	32	33	34	35	36	37	38	39	40	41	42	43	44	45	46	47	48	49	50
51	52	53	54	55	56	57	58	59	60	61	62	63	64	65	66	67	68	69	70	71	72	73	74	75
76	77	78	79	80	81	82	83	84	85	86	87	88	89	90	91	92	93	94	95	96	97	98	99	100

100LS
100번 듣고/말하기
한 번 할 때마다
숫자에 O 표시

21	22	23	24	25	26	27	28	29	30	31	32	33	34	35	36	37	38	39	40

508 합창 _____ in the golden afternoon,
509 _____ in the golden afternoon.
510 There are _____-and-caterpillars and a copper centipede
511 _____ the _____ daisies _____
512 the _____ peaceful _____ they lead.

513 You can _____ a lot of things _____ the flowers
514 for _____ in the _____ of _____.
515 백장미 Ah~, there's a _____ of happiness and _____

516 합창 All in the golden afternoon.
    간주
517 합창 All in the golden afternoon,
518 _____ the golden afternoon.
519 앨리스 You can learn ____ _____ things from the flowers
520 for _____ in the month of _____.
521 There's a _____ of happiness and _____
522 All...
523 합창 _____ in the golden afternoon.
524 Ah, ah~, ah~.

508 황금빛 오후에는,
509 황금빛 오후에는.
510 강아지dog-애벌레 그리고 구리 빛 지네가 있고
511 그곳에서where 게으른lazy 데이지가 사랑합니다
512 love/ 그들이 누리는 아주very 평화로운 삶을life.
513 당신은 꽃에게서 많은 것을 배울learn/from 수 있어요.
514 특히especially 6월month/june에는.
515 아~, 사랑과 행복이 넘쳐 흘러요wealth/romance
516 황금빛 오후의 모든 것은.
517 황금빛 오후의 모든 것은,
518 황금빛 오후에는.
519 당신은 꽃에게 많은a lot of 것을 배울 수 있어요
520 특히especially 6월june에는.
521 아~, 사랑과 행복이 넘쳐 흘러요wealth/romance.
522 모든 것은...
523 황금빛 오후의 모든 것은.
524 아, 아~, 아~.

♥ Lily에서 L은 La를 일컫고, La는 음계에서 'A'입니다. 그래서 백합(Lily)에게 Sound your A라고 했습니다.
감상 앨리스에 나오는 곡들 보면 '라임(Rhym)'에 신경을 많이 썼습니다. 여기에서는 lasy-daisy, happiness-romance 등이 있습니다. 앨리스는 억지로 끌려 나와서 노래하다가 실수를 합니다. 원작 소설에서는 다른 꽃들이 말하지 않는 이유가 화단이 너무 폭신해서 항상 잠들어 있기 때문이라고 합니다. 그리고 이곳 화단은 딱딱해서 꽃들이 잠들지 않았다고 하고요.

팁&감상

17 살아 있는 꽃들의 정원 3/3

30:04~ 1 2 3 4 5 6 7 8 9 10 11 12 13 14 15 16 **17** 18 19 20

1 자막 없이 1회
2 한글 자막 1회
3 색의 빈칸 받아쓰기 1~20회
4 영어 자막 보고 따라 말하기 50회
5 자막 없이 들리는 대로 따라 말하기 40회

525	앨리스	Oh, That was l_____.	525 와, 정말 사랑스러lovely웠어요.
526	장미	Thank you, my dear.	526 고마워, 얘야.
527	에키네	What k_____ of g_____ do you come from?	527 넌 어떤 종류의kind 정원garden에서 왔니?
528	앨리스	I don't come from a_____ garden.	528 저는 어떤any 정원에서 오지 않았어요.
529	에키네	Do you s_____ she's a w_____ flower?	529 그럼 그녀가 들꽃이라고 생각하나요suppose/wild?
530	앨리스	Oh, no, I'm n_____ a wild flower.	530 아니야, 난 들꽃이 아니야not.
531	장미	Just what s_____ or shall we say genus are you, my dear?	531 그렇다면 넌 어떤 종specie, 분과에 속하니, 얘야?
532	앨리스	Well, I suppose you'd c_____ me a genus humanus, uh, Alice.	532 글쎄요, 제 생각에는 인간류에 속하는, 음, 앨리스라고 부르시면call 될것 같아요.
533	에키네	Ever see an Alice w_____ a blossom l_____ t_____?	533 앨리스란 저렇게 생긴 꽃을 본 적 있어with/like that?
534	창포	Come to think of it, did you e_____ s_____ an Alice?	534 그러고 보니 앨리스란 꽃을 본적이 있었나ever see?
535	에키네	Yes.	535 맞아.
536		And did you n_____ her petals?	536 그러면 저 애 꽃잎을 봤나notice?
537	창포	What a peculiar color.	537 너무 이상한 색깔이다.
538		And n_____ fragrance.	538 그리고 향기도 없어no.
539	에키네	Ho, ho, ho. Just look at t_____ stems.	539 호, 호, 호. 저those 줄기 좀 봐.

1	2	3	4	5	6	7	8	9	10	11	12	13	14	15	16	17	18	19	20	21	22	23	24	25
26	27	28	29	30	31	32	33	34	35	36	37	38	39	40	41	42	43	44	45	46	47	48	49	50
51	52	53	54	55	56	57	58	59	60	61	62	63	64	65	66	67	68	69	70	71	72	73	74	75
76	77	78	79	80	81	82	83	84	85	86	87	88	89	90	91	92	93	94	95	96	97	98	99	100

100LS 100번 듣고/말하기 한 번 할 때마다 숫자에 O 표시

21 22 23 24 25 26 27 28 29 30 31 32 33 34 35 36 37 38 39 40

540 창포 _____ scrawny, _____ say.

541 꽃봉오리 I _____ she's _____.

542 창포 _____, Bud.

543 앨리스 _____ I'm not a flower.

544 창포 Ah-ha! Just as I _____.

545 She's nothing but a common _____ vulgaris.

546 스위트피 Oh, no!

547 앨리스 A common what?

548 창포 To _____ it bluntly, a _____.

549 앨리스 I'm not a _____.

550 튤립 Well, you wouldn't _____ her to _____ it.

551 수국 Can you _____?

552 Well, goodness.

553 백합 Don't let her _____ here and go to _____.

554 아키네 Go on, now.

555 장미 Please go.

556 팬지 We don't _____ weeds in our bed.

557 꽃들 Move _____, Move _____.

558 앨리스 All right. _____ that's the _____, you _____ about it.

559 If I _____ my _____ _____,

560 I could _____ every one of you if I _____ to.

561 And I _____ that'd _____ you.

562 You _____ a lot of

563 things _____ _____ _____?

564 Humph! Seems to me,

565 _____ could learn _____ about _____.

540 (마르다 못해) 차라리 Rather 앙상하구나, 라고 말하고 싶네'd.

541 그래도 내 생각엔 think 예쁜 pretty 것 같아.

542 꽃봉오리(꼬마)는 조용히 Quiet 해.

543 하지만 But 난 꽃이 아니야.

544 역시! 내가 예상한 suspected 대로야.

545 이제 보니 흔해빠진 뜨네기 mobile 풀꽃이었어.

546 저런!

547 흔해빠진 뭐라고요?

548 직설적으로 말해 put 잡초 weed 라구.

549 난 잡초 weed 가 아니야.

550 글쎄, 본인이 잡초라고 인정하길 expect/admit

551 않아. 상상이나 imagine 할 수 있을까?

552 이런, 세상에.

553 여기 머물러서 stay 씨 seed 를 뿌리지 못하게 해야 해.

554 어서 가, 당장.

555 제발 좀 가라고.

556 우리 화단에 잡초가 자라는 건 원하지 want 않아.

557 어서 along 가, 어서 along 가.

558 그래, 너희들이 그렇게 느낀다면 If/way feel.

559 내가 원래 크기였다면 were/right/size,

560 내가 원하는 만큼 모조리 뽑아 버렸을 텐데 pick/wanted.

561 그러면 내 생각에 guess 정신차리게 teach 했을거야.

562 꽃에게서 많은 것을 배울 수 있다고 can learn

563 from the flowers?

564 흠! 내가 보기엔,

565 그들은 they 예의에 대해 좀 더 a few things/manners 배워야겠어.

팁&감상 노래 중간에 앨리스가 목소리가 갈라지는 부분 때문인지, 꽃들이 아주 까칠해졌습니다. 장미에는 가시가 있듯, 겉모습이 예쁘다고 속 (생각/마음)도 예쁘다고 판단하면 안 되겠지요. 현대에는 많이 없어졌지만, 팔이 안으로 굽는다고 아직도 학연 지연이 있습니다. 그리고 첫인상과 오랜 시간 같이 있을 때의 인상은 다를 수 있습니다. 특히 외지인에게는요.

18 애벌레의 충고 1/2

31:50~ | 1 2 3 4 5 6 7 8 9 10 11 12 13 14 15 16 17 **18** 19 20

1 자막 없이 1회
2 한글 자막 1회
3 책의 빈칸 받아쓰기 1-20회
4 영어 자막 보고 따라 말하기 50회
5 자막 없이 들리는 대로 따라 말하기 40회

566	애벌레	A, E, I, O, U
567		A, E, I, O, U
568		A, E, I, O, U
569		O, U, E, I, O, A
570		U, E, I, A
571		A, E, I, O, U

572 애벌레 W_____ are you?
573 앨리스 Well, I... I h_____ know, sir.
574 I've c_____ so many times s_____ this m_____, you see.
575 애벌레 I do not see.
576 E_____ yourself.
577 앨리스 I'm a_____ I c_____ explain myself, sir.
578 Because I'm not m_____, you know.
579 애벌레 I do not know.
580 앨리스 Well, I c____ p____ i____ any more c____,

566 에이, 이, 아이, 오, 유
567 에이 이 아이 오 유
568 에이 이 아이 오 유
569 오, 유, 이, 아이, 오, 에이
570 유 이 아이 에이
571 에이 이 아이 오 유

572 넌 누구Who니?
573 글쎄요, 저... 저도... 거의 알지 못해요hardly, 님.
574 오늘 아침부터 너무 많이 변해서요changed/since/morning, 당신이 보시다시피요.
575 난 모르겠는걸.
576 너에 대해 설명해봐Explain.
577 죄송하지만afraid, 저도 설명을 할 수 없어요can't.
578 지금 전 제 모습myself이 아니거든요, 당신도 알겠지요.
579 난 잘 모르겠는데.
580 저도 더 명확하게 표현할 수 없어요can't put it/clearly,

581 앨리스 for it i_____ clear t_____ me.

582 애벌레 You? Who are you?

583 앨리스 Well, don't you think you _____ _____ tell me...

584 who you are _____?

585 애벌레 Why?

586 앨리스 Oh, dear. Everything is so _____.

587 애벌레 It is not.

588 앨리스 Well, it is to me.

589 애벌레 Why?

590 앨리스 I can't _____ things _____ I _____ _____, and...

591 애벌레 Rrr-recite.

592 앨리스 Hmm? Oh, oh, oh, yes, sir. Erm...

593 How doth♥ the little _____ _____ improve each...

594 애벌레 Stop!

595 That is not _____ correctically.

596 It _____:

597 How...

598 How doth the little _____

599 improve his shining _____?

600 And pour the _____ of the Nile♥♥

601 on every golden _____.

602 How cheer... How cheer...

603 How cheerfully he seems to grin.

604 How _____ spreads his _____,

605 And welcomes little fishes in

606 With _____ smiling _____.

581 왜냐하면 그게 명확하지(무슨일인지) 않거든요isn't/to.

582 네가? 넌 누구길래?

583 글쎄요.제 생각엔 그쪽이 누구인지 말해야하는ought to게...

584 먼저first가 아닐까요?

585 왜?

586 오, 이런. 모든 게 너무 혼란스러워요confusing.

587 안 그런데.

588 글쎄요, 전 그래요.

589 왜?

590 전에 그랬었던 것들은 기억할remember/as/used to 수 없어요, 그리고...

591 (시를) 암송해봐.

592 흠? 아, 아, 아, 알겠어요, 음...

593 작고 바쁜busy 벌bee이 어떻게 멋지게 할 수 있을까...

594 그만!

595 저것은 정확하게 읊어진spoken 것이 아니야.

596 그건 이렇게 나가야지goes:

597 어떻게 하냐면...

598 어떻게 작은 악어crocodile는

599 그의 반짝이는 꼬리tail를 더 멋지게 할까?

600 그래서 나일강의 맑은 물waters을

601 금빛 비늘scale에 쏟아 붓고 있네.

602 얼마나 즐겁... 얼마나 즐겁...

603 얼마나 즐겁게 웃는 모습인가.

604 얼마나 가지런히neatly 발톱claws을 펼쳐서.

605 작은 물고기들을 잡아

606 부드럽게gently 미소짓는 턱들jaws 속으로 집어넣는지.

♥ doth는 does의 옛말 ♥♥ 물이 강을 뜻할 때는 복수(waters)로 쓸 수 있습니다. 라임을 맞췄네요. Nile-scale, grin-in, claws-jaws 등.

감상 나비가 꿀을 빨아 먹는 대신 물담배를 빨아 피우는 애벌레입니다. 얼마나 피웠는지 초반에 헛기침을 하며 노래하는데요. 말할 때 자꾸 not을 강조합니다. 같은 발음인 매듭(knot)도 그림으로 나오네요. 애벌레(루이스 캐럴)가 만든 시는 아이작 왓츠(Isaac Watts)의 <게으름과 나쁜 짓에 반대하여(Against Idleness and Mischief)>를 패러디한 시입니다.

19 애벌레의 충고 2/2

34:34~ | 1 2 3 4 5 6 7 8 9 10 11 12 13 14 15 16 17 18 **19** 20

1 자막 없이 1회
2 한글 자막 1회
3 책의 빈칸 받아쓰기 1~20회
4 영어 자막 보고 따라 말하기 50회
5 자막 없이 들리는 대로 따라 말하기 40회

607	앨리스	Well, I must s_____,	607 그런데, 이렇게 말해야<u>say</u>겠어요,
608		I've never heard it t_____ way b_____.	608 전에는 한번도 들어본 적 없는 <u>것that/before</u>이라고요.
609	애벌레	I know. I have i_____ it.	609 알아. 내가 고쳤어<u>improved</u>.
610	앨리스	Well...	610 그렇다면...
611		If you a_____ me...	611 느낌을 묻는다면<u>ask</u>...
612	애벌레	You? Huh, who are you?	612 네가요? 하, 네가 누군데?
613	앨리스	Oh.	613 흥.
614	애벌레	Uh, you, t_____! Girl!	614 너, 거기있는<u>there</u>! 소녀야!
615		W_____! Come back!	615 기다려<u>Wait</u>! 돌아와!
616		I have something i_____ to s_____.	616 얘기할 중요한<u>important/say</u> 것이 있어.
617	앨리스	Oh, dear.	617 오, 이런.
618		I w_____ what he w_____ now.	618 이번엔 그가 뭘 원하는지 궁금하네<u>wonder/wants</u>.
619		Well?	619 뭐죠?
620	애벌레	Keep your t_____.	620 성질<u>temper</u>좀 죽여.
621	앨리스	Is that a_____?	621 그게 (말하고 싶은) 전부<u>all</u>예요?
622	애벌레	No.	622 아니.
623		Exactically what is your p_____?	623 정확히 네 문제<u>problem</u>가 뭐니?

624 🦋 앨리스 Well, it's exactical... exacit... Well, it's precisely _____.

625 🐛 I _____ _____ _____ be a little _____, sir.

626 🐛 애벌레 Why?

627 🦋 앨리스 Well, _____, three inches is _____ a wretched _____.

628 🐛 애벌레 I am exactically three inches _____,

629 🐛 and it is a very good _____ indeed!

630 🦋 앨리스 But I'm not _____ _____ it,

631 🐛 and you needn't... _____!♥

632 🐛 Oh, dear.

633 🐛 애벌레 _____ _____ _____,

634 🐛 I have a few more _____ _____.

635 🐛 One side will _____ you _____ _____.

636 🦋 앨리스 One side of what?

637 🐛 애벌레 And the _____ side will make you grow _____.

638 🦋 앨리스 The other side of what?

639 🐛 애벌레 The _____ _____, of course!

624 정콱... 정콱... 글쎄요, 엄말히 말해서 이거this예요.

625 나는 몸이 좀 더 커져야 해요should like to/larger, 님.

626 왜?

627 글쎄요, 어쨌든after all, 키가 3인치라는 건such/height 끔찍히 작아요.

628 난 정확히 3인치(8센치) 높이high인데,

629 그리고 난 정말 아주 좋은 키height라고 생각해!

630 하지만 난 그렇지used to, 않았어요,

631 그리고 소리칠shout 필요는 없잖아요!

632 이런, 세상에.

633 그건 그렇고By the way,

634 도움이 될 힌트들을helpful hints 좀 줄게.

635 한 쪽을 (먹으면) 키가 더 자라고make/grow taller.

636 무엇의 한쪽이요?

637 다른other 쪽을 먹으면 키가 더 작아질거야shorter.

638 무엇의 다른 쪽이요?

639 버섯mushroom도 모르냐!

♥ 영국식 영어에서는 need를 조동사(p.28~31)로 쓸 수 있습니다.

감상 내가 고쳤어(I improved it)라고 하는 부분에서 꼭 루이스 캐럴의 '이상한 나라의 앨리스'를 디즈니에서 improve(낫게 고침)한 것 같다고 생각했습니다. 캐릭터나 색감도 더 현대에 맞췄고, 책에 없는 부분을 추가해서 더 많은 재미를 준 것 같습니다. 원작을 손상시키지 않으면서도 잘 만들었다고 생각합니다. 참고로 원작에서 앨리스는 애벌레의 말이 짧은 것을 싫어합니다.

20 뱀이라고 불리는 앨리스

36:35~ | 1 2 3 4 5 6 7 8 9 10 11 12 13 14 15 16 17 18 19 **20**

640	앨리스	Hmm.	640	흠.
641		One side will make me grow…	641	한 쪽을 먹으면 커진다…
642		But w_____ is w_____?	642	하지만 어느 쪽which이 그 쪽which이지?
643		Hm. After all, that's h_____, I…	643	결국, 그런일이 일어나버렸happened으니, 나는…
644		I wonder if I…	644	내가 어떻게 될지 궁금한데…
645		I d_____ c_____.	645	뭐 어때(신경쓰지 않아don't care).
646		I'm t_____ of b_____ o_____ three inches high.	646	난 고작 3인치의 키인 것에 질렸어tired/being only.
647	비둘기	A serpent!	647	뱀이다!
648		Help! Help! Serpent! Serpent!	648	살려줘! 살려줘! 뱀! 뱀이야!
649	앨리스	Oh, but, please, please.	649	오, 하지만, 제발, (그만해).
650	비둘기	O_____ w_____ you. Shoo. Shoo.	650	떨어져Off with. 쉬. 쉬.
651		G_____ a_____. Serpent! Serpent!	651	저리 가Go away, 뱀이야! 뱀이다!
652	앨리스	But I'm not a serpent.	652	하지만 난 뱀이 아니야.
653	비둘기	So? i_____?	653	그래? 정말Indeed이야?
654		Then j_____ what are you?	654	그럼넌 정확히just 누구니?
655	앨리스	I'm just a little girl.	655	그냥 작은 소녀야.

1 자막 없이 1회
2 한글 자막 1회
3 책의 빈칸 받아쓰기 1~20회
4 영어 자막 보고 따라 말하기 50회
5 자막 없이 들리는 대로 따라 말하기 40회

656 🐦 비둘기	Little? Ha, little?! Wah, ha, ha, ha, ha...	656 작다구? 하, 작다고?! 하, 하, 하, 하...
657 🐦 앨리스	Well, I _____. I _____, I _____.	657 글쎄, 맞아am. 다시 말해mean (전에는) 그랬었어was.
658 🐦 비둘기	And I suppose you don't eat _____, _____.	658 그러면 너도 (새)알들eggs/either을 안 먹는다고 생각하게.
659 🐦 앨리스	Yes, I do, but, but, but, but...	659 아니, 먹기는 해, 하지만, 하지만, 하지만...
660 🐦 비둘기	I knew it. I knew it. Serpent. Serpent!	660 그럴 줄 알았어. 알았다고. 뱀이다! 뱀이야!
661 🐦 앨리스	Oh, for goodness' sake.	661 이런, 제발 좀.
662 🐦	Hmm.	662 흠.
663 🐦	And the other side will...	663 그렇다면 다른 한쪽을 먹으면...
664 🐦 비둘기	The _____ idea.	664 설마 (그런 생각이라니) very.
665 🐦	_____ all my time _____ eggs	665 알을 낳는데 내 모든 시간을 쓰는데Spend/laying
666 🐦	for serpents _____ _____.	666 그녀 같은like her 뱀을 위해서라니.

※ 2-2 Mike가 가장 재미있게 본 <거울 나라의 앨리스>의 장면

'What sort of things do YOU remember best?' Alice ventured to ask.

'Oh, things that happened the week after next,' the Queen replied in a careless tone. 'For instance, now,' she went on, sticking a large piece of plaster on her finger as she spoke, 'there's the King's Messenger. He's in prison now, being punished: and the trial doesn't even begin till next Wednesday: and of course the crime comes last of all.'

'Suppose he never commits the crime?' said Alice.

'That would be all the better, wouldn't it?' the Queen said, as she bound the plaster round her finger with a bit of ribbon.

Alice felt there was no denying THAT. 'Of course it would be all the better,' she said: 'but it wouldn't be all the better his being punished.'

'You're wrong THERE, at any rate,' said the Queen: 'were YOU ever punished?'

'Only for faults,' said Alice.

'And you were all the better for it, I know!' the Queen said triumphantly.

(p.115 계속)

감상 새의 입장에서 보면 알을 먹는다는 점에서 '뱀'이나 '앨리스'나 별로 다를 바가 없겠지요. 앨리스가 원했던 nonsense(말도 안 되는) 세상이 이렇게까지 말도 안되는 것으로 생각할 수 없었겠지요? 커진 앨리스를 다양한 각도에서 보여준 것과 새가 눈 가까이에 갔을 때 눈에 비치는 새를 섬세하게 표현한 것이 인상적이었습니다.

21 숲속에서 만난 체셔 고양이 1/2

38:09~ 1 2 3 4 5 6 7 8 9 10 11 12 13 14 15 16 17 18 19 20

1 자막 없이 1회
2 한글 자막 1회
3 책의 빈칸 받아쓰기 1~20회
4 영어 자막 보고 따라 말하기 50회
5 자막 없이 들리는 대로 따라 말하기 40회

667	앨리스	Goodness.
668		I wonder i_____ I_____ ever g_____ the knack of it.
669		There. That's m_____ better.
670		Hm, better s_____ t_____.
671		Now, let's see. W_____ was I?
672		Hm, I wonder which way I o_____ t_____ g_____.
673	고양이	'Twas brillig and the slithy toves♥
674		Did gyre and gimble in the wabe.
675		All mimsy were the borogoves
676		And the mome raths outgrabe.
677	앨리스	W_____ in the w_____ do you suppose that...?
678	고양이	L_____ something?
679	앨리스	Oh! uh, uh, I, I was,

667 세상에.
668 언제라도 크기를 마음대로 하는 요령이 있을지 궁금해 if I'll/get.
669 됐어, 훨씬 much 낫다.
670 흠, 이것들은 갖고 save/these 있는게 더 좋겠어.
671 이제, 어디보자. 내가 어디있지 Where?
672 흠, 어느 쪽으로 가야할 ought to go 지 궁금해.
673 늦은 오후에, 부드럽고 활동적인 오소리는
674 언덕에 구멍들을 긁으면서 뚫고.
675 행복하지 않은 모든 앵무새들과
676 바다 거북들은 소리를 지르네.

677 세상에 어디서 Where/world 나는 (소리지)...?
678 뭘 잃어 Lose 버렸니?
679 어머나! 깜짝이야, 나, 나는,

1	2	3	4	5	6	7	8	9	10	11	12	13	14	15	16	17	18	19	20	21	22	23	24	25
26	27	28	29	30	31	32	33	34	35	36	37	38	39	40	41	42	43	44	45	46	47	48	49	50
51	52	53	54	55	56	57	58	59	60	61	62	63	64	65	66	67	68	69	70	71	72	73	74	75
76	77	78	79	80	81	82	83	84	85	86	87	88	89	90	91	92	93	94	95	96	97	98	99	100

100LS 100번 듣고/말하기 한 번 할 때마다 숫자에 O 표시

21 22 23 24 25 26 27 28 29 30 31 32 33 34 35 36 37 38 39 40

680 앨리스 No, I, I _____, I was just _____...
681 고양이 Ho, ho, that's _____ all right.
682 　　　 Uh, hm, one _____, please.
683 　　　 Oh. _____ chorus:
684 　　　 'Twas brillig and the slithy toves
685 　　　 Did gyre and gimble in the wabe.

686 앨리스 Why, you're a cat.
687 고양이 A Cheshire cat.
688 　　　 All mimsy, oh, were the borogoves...

689 앨리스 Oh, wait. _____ _____, please.
690 고양이 There you are. _____ chorus.
691 앨리스 Oh, no, no, no. Thank you, but,
692 　　　 but I just _____ to _____ you
693 　　　 which way I ought to go.
694 고양이 Well, that _____
695 　　　 on _____ you want to _____ _____.
696 앨리스 It _____ doesn't _____, as long as I...
697 고양이 Then, it _____ doesn't matter
698 　　　 which way _____ _____.
699 　　　 And the mome raths outgrabe

680 아니, 내 말은 mean, 그냥 궁금한 wondering 게 있어서.
681 그건 정말 quite 괜찮아.
682 잠깐 moment만 기다려줘.
683 맞다. 두 번째 Second 후렴구:
684 늦은 오후에, 부드럽고 활동적인 오소리는
685 언덕에 구멍들을 긁으면서 뚫고.

686 어머나, 넌 고양이구나.
687 체셔 고양이야.
688 모든 앵무새들은, 오, 행복하지 않고...

689 잠깐만, 기다려. 가지마 Don't go, 부탁이야.
690 이제 세 번째 Third 후렴구야.
691 아, 아니, 아니, 아니. 고맙지만 됐어, 그런데,
692 그런데 너에게 묻고 싶어 wanted/ask.
693 난 어느 길로 가야 되는지.
694 그야, 그것은 달려있지 depends/
695 네가 어딜 where 가고 get to 싶으냐.
696 그건 정말 really 상관이 matter 없어, 내가 그런동안에는...
697 그러면, 정말 really
698 너는 아무 길로 가도 you go 되겠네.
699 바다 거북들은 소리를 지르네.

♥ 'twas=It was. 거울 나라의 앨리스에 들어있는 루이스 캐럴의 암호 시 Jabberwocky입니다. 해석은 QR코드를 참고해주세요.
감상 앨리스는 '어디를 가든 상관없다'고 하자, 고양이가 '아무 쪽으로나 가라'고 하는데요. 현실에서도 '목표'가 없으면 방황하게 마련입니다. '목표'가 있으면 느리게나마 그 방향으로 가게 되고, 자신이 원하는 것을 얻을 수 있습니다. 아마 앨리스가 뒤에 하고 싶었던 말은 앨리스의 목표인 '제가 토끼를 만날 수만 있다면요.'였을 것입니다.

팁&감상

22 숲속에서 만난 체셔 고양이 2/2

1 자막 없이 1회
2 한글 자막 1회
3 책의 빈칸 받아쓰기 1~20회
4 영어 자막 보고 따라 말하기 50회
5 자막 없이 들리는 대로 따라 말하기 40회

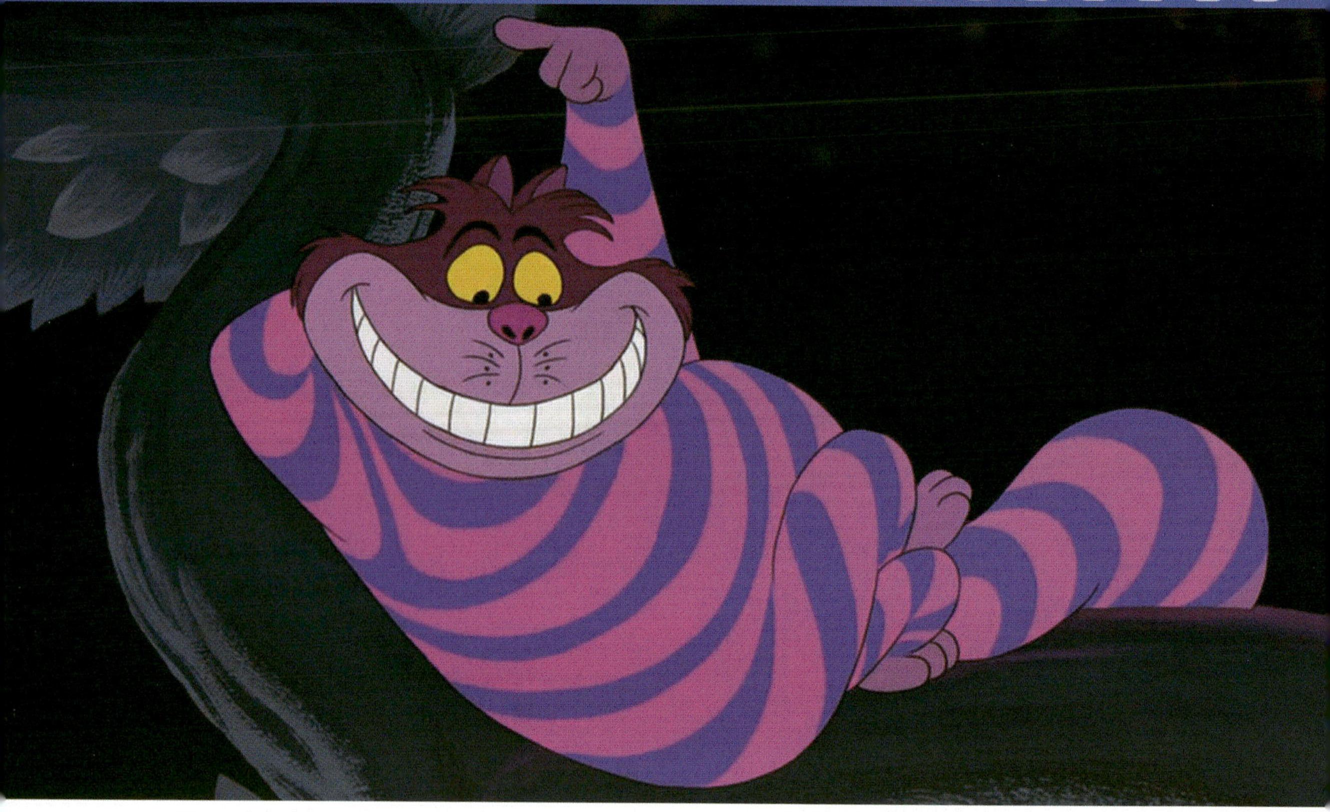

#	화자	영어	#	한국어
700	고양이	Oh, b_____ t_____ w_____,	700	참, 그건 그렇고 by the way,
701		if you'd really l_____ t_____ k_____,	701	네가 정말 알고 싶다면 like to know,
702		he w_____ that way.	702	그는 저리로 갔어 went.
703	앨리스	Who did?	703	누가 그랬다고?
704	고양이	The white rabbit.	704	그 하얀 토끼가.
705	앨리스	He did?	705	그가 그랬어?
706	고양이	He did what?	706	뭘 그랬다고?
707	앨리스	W_____ that way.	707	저쪽으로 갔냐고 Went.
708	고양이	Who did?	708	누가?
709	앨리스	The white rabbit.	709	하얀 토끼라며.
710	고양이	What rabbit?	710	무슨 토끼?
711	앨리스	But d_____ you just s_____...?	711	그런데 네가 방금 그렇게 말하지 않았어 didn't/say...?
712		I mean... Oh, dear.	712	내 말은... 이런, 세상에.
713	고양이	Can you s_____ on your h_____?	713	물구나무서기 stand/head 할 수 있어?
714		However, if I w_____ looking for a white rabbit,	714	하지만, 내가 하얀 토끼를 찾는다면 were,
715		I_____ ask the Mad Hatter.♥	715	미친 모자 장수에게 물어보려고 하겠어 I'd.
716	앨리스	The Mad Hatter?	716	미친 모자 장수?

717	앨리스	No, no, I.. I don't want...
718	고양이	Or there's the March Hare in that _____.
719	앨리스	Thank you. I think I _____ _____ him.
720	고양이	Of course, he's _____, too.
721	앨리스	But I don't want to go _____ _____ people.
722	고양이	Oh, you _____ _____ that.
723		_____ everyone's mad _____.
724		You may have _____
725		that I'm not _____ there _____.
726		And the mome raths outgrabe
727	앨리스	Goodness.
728		If the people here _____ like that, I,
729		I must try _____ _____ _____ them.

717 아니야, 나.. 난 싫어...
718 아님 저쪽 direction으로 3월의(발정난) 산토끼가 있어.
719 고마워. 내 생각엔 그를 만나야만 해 shall visit.
720 물론, 그 친구도 미쳤어 mad.
721 하지만 난 미친 사람들 사이는 among/mad 지나가고 싶
722 지 않아. 오, 다른 수가 없을걸 can't help.
723 여긴 거의 Most/here 모두가 다 미쳤으니까.
724 이미 눈치 챘 noticed겠지/
725 내가 전부는 all 거기 없다(=좀 미쳤다)는 것을 myself.
726 그리고 바다 거북들은 소리를 지르네.

727 맙소사.
728 여기 사람들이 are 전부 저렇다면, 나,
729 나는 그들을 화나게 하지 않아야 not to upset겠어.

♥ 'd가 would인지 had인지 구분하려면 동사를 보면 됩니다. 동사원형(ask)이니 would를 썼네요. 만약 had였다면 asked를 써야 합니다.
감상 고양이가 머리로 서는 부분에서 쌍둥이의 '아버지 윌리엄(p.80)' 이야기가 생각났습니다. 앨리스는 미친 사람들을 만나고 싶지 않다고 하는데, 고양이는 '이곳에 있는 대부분의 사람들은 미쳤다'라고 말합니다. 현실에서 이 말을 해도 아마 공감하실 분이 많다고 생각합니다. 어느 집단에나 정도 차이지 '미쳤다고 할 만한 사람'은 있고, 심지어 집단에 속한 대부분의 사람들이 이상한 집단도 있습니다.

23 생일 아닌 날 기념 파티 1/6

41:36~ | 1 2 3 4 5 6 7 8 9 10 11 12 13 14 15 16 17 18 19 20

1 자막 없이 1회
2 한글 자막 1회
3 책의 빈칸 받아쓰기 1~20회
4 영어 자막 보고 따라 말하기 50회
5 자막 없이 들리는 대로 따라 말하기 40회

730 앨리스 H_____ very c_____.
731 3월토끼 If there are no o_____,
732 　　　 let it b____ unanimous.
733 모자장수 Oh, a very merry unbirthday.
734 3월토끼 A very merry unbirthday.
735 토끼/모자 A very merry unbirthday to u_____.
　　　　　　간주
736 3월토끼 A very merry unbirthday to m_____.
737 모자장수 To who?
738 3월토끼 To me.
739 모자장수 Oh, you?
740 3월토끼 A very merry unbirthday to y_____.
741 모자장수 Who, me?
742 3월토끼 Yes, you.
743 모자장수 Oh, me?
744 3월토끼 Let's all c_____ us
745 　　　　 w_____ another c_____ of t_____.

730 정말How 아주 신기하네curious.
731 반대objections하는 친구 없으면,
732 만장일치로 하자be.
733 오, 생일 아닌 걸 아주 축하해.
734 생일 아닌 걸 아주 축하해.
735 우리us에게 생일 아닌 걸 아주 축하해.

736 나me에게 생일 아닌 걸 아주 축하해.
737 누구에게?
738 나에게.
739 그래, 너?
740 너에게you 생일 아닌 걸 축하해.
741 누구, 나?
742 맞아. 너.
743 그래, 나?
744 우리 모두 축하하며congratulate
745 차 한 잔 하자with/cup/tea.

746 🐾 **A very merry unbirthday to, oh, you.**

747 🐾 토끼/모자 No room. No room. No room. No room. (No, thank you.) No room. No room. No room!

748 🐾 앨리스 But I _____ there was _____ _____ room.

749 🐾 3월토끼 Ah, but it's very _____ to _____ down _____ being _____.

750 🐾 모자장수 _____ say _____ rude.

751 🐾 It's very, very rude _____.

752 🐾 들쥐 Very, very, very rude _____.

753 🐾 앨리스 I'm very sorry.

754 🐾 But I _____ _____ your _____. ♥

755 🐾 And, I wonder _____ _____ _____ tell me...

756 🐾 3월토끼 You enjoyed _____ singing?

757 🐾 모자장수 Oh, what a *delightful* child, is it?

758 🐾 Things happen. I'm so _____.

759 🐾 We _____ get *compliments*.

760 🐾 You must _____ _____ _____ of tea.

761 🐾 3월토끼 Ah, yes, indeed. The tea.

762 🐾 You must have a cup of tea.

763 🐾 앨리스 _____ _____ _____ very nice.

764 🐾 I'm sorry I _____ your birthday _____.

765 🐾 Thank you.

766 🐾 3월토끼 Birthday? Ha, ha ha, my dear _____, _____ _____ a birthday party.

767 🐾 모자장수 _____ _____ _____.

768 🐾 This _____ unbirthday party.

769 🐾 앨리스 Unbirthday? I'm sorry,

770 🐾 but I don't _____ _____ _____.

746 정말 생일 아닌 걸 축하해, 오, 너에게.

747 자리 없어, 자리 없어, 자리 없어, 지리 없어, (고맙지만 안돼) 자리 없어, 자리 없어, 자리 없어!

748 하지만 빈자리가 많다고 생각했는데요thought/plenty of

749 아, 하지만 초대 받지 않고 앉는 건 실례야rude/sit without/invited.

750 나는 그것이 실례라고 말할거야I'll/it's.

751 아주 아주 정말로indeed 실례야.

752 아주 아주 아주 정말indeed 실례라구.

753 정말 미안해요.

754 하지만 노래가 너무 재미있었어요did enjoy/singing.

755 당신이 저에게 (뭐라고) 말해줄지 궁금해요if you could...

756 우리our 노래가 즐거웠다구?

757 사랑스러운 꼬마로군?

758 이런 일들이 일어나게 마련이지. 너무 신난다excited.

759 칭찬 받은적이 한번도 없었잖아never.

760 차 한 잔 해야have a cup 해.

761 그래, 맞아, 정말로.

762 차 한잔 해야해.

763 그 말씀은 아주 고맙지만That would be.

764 생일 파티를 방해해서interrupted/party 죄송해요.

765 고마워요.

766 생일? 얘야child, 이것은 우리 생일 파티가 아니란다 this is not.

767 당연히 아니지Of course not.

768 이건 생일이 아닌 날의 한 파티야is an.

769 생일이 아닌 날? 죄송하지만,

770 전 이해가 잘quite/ understand 안 되는데요.

♥ enjoy를 강조하려고 did를 쓴 것입니다. 강조하지 않으려면 did를 쓰지 않고 enjoyed를 씁니다.

감상 3월에 토끼가 발정(수컷이 암컷을 찾아 돌아다니는 것)이 많이 나서, 3월 토끼는 '발정 난 토끼'를 의미합니다. 그리고 영국에서는 '예의'가 중요하고, '차 마시는 것'이 일상인데, 저자가 영국인이라 위의 장면을 집필한 것 같습니다. 영국에서 유명한 식당은 예약 안 하고 가면 자리가 비어있어도 들여 보내주지 않습니다. unbirthday는 사전과 위키피디아에 실릴 정도니 앨리스의 힘이 참 대단합니다.

24 생일 아닌 날 기념 파티 2/6

43:26~ | 1 2 3 4 5 6 7 8 9 10 11 12 13 14 15 16 17 18 19 20

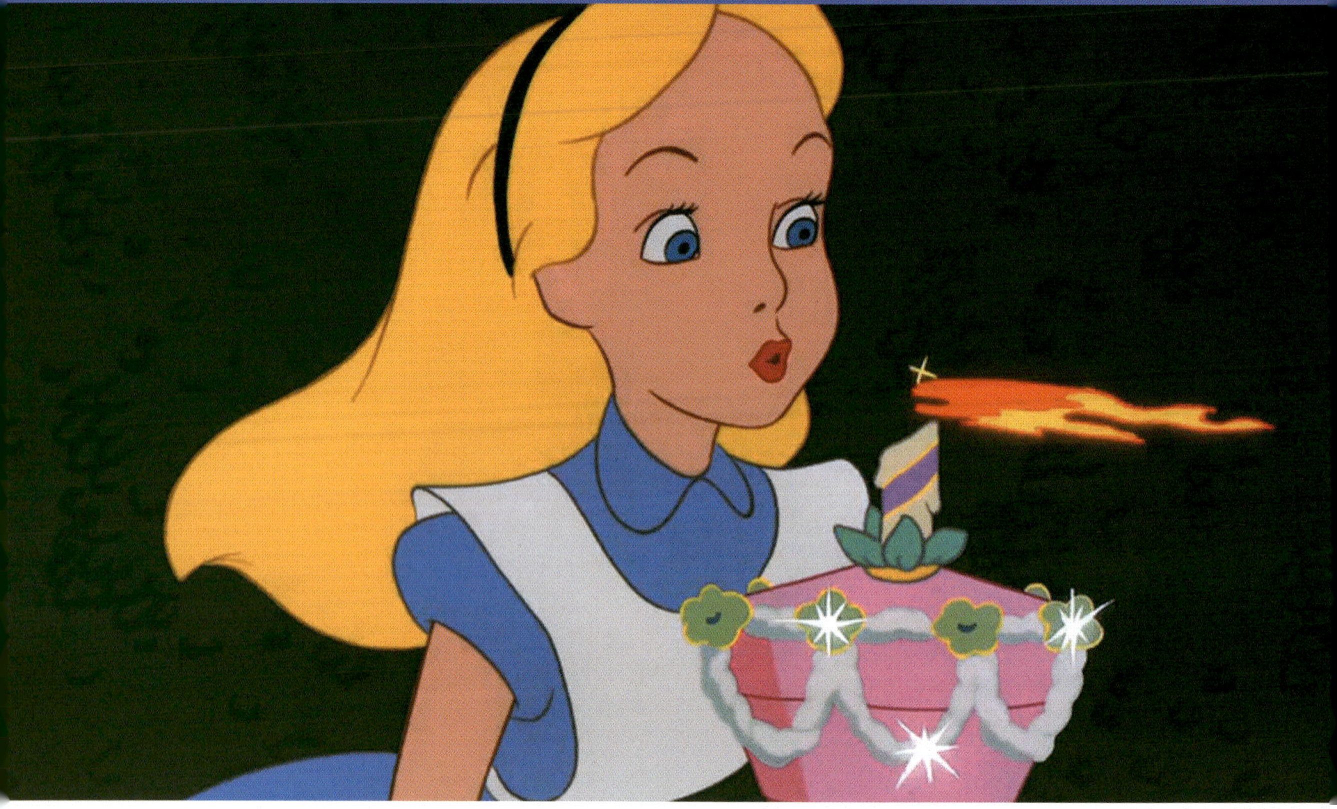

771 🔸 3월토끼   It's very s_____.
772 🔸   Now, 30 days have Sep... No, well.
773 🔸   An unbirthday...
774 🔸   I_____ y_____ have a birthday, then, you...
775 🔸   She doesn't k_____ w_____ a____ unbirthday i____.
776 🔸 모자장수 How s_____.
777 🔸   Ho, ho, ho, ho. Well...
778 🔸   I shall elucidate.
779 🔸   Now, statistics prove,
780 🔸   prove t_____ y_____ o_____ birthday.
781 🔸 3월토끼   I_____,
782 🔸   just one birthday e_____ y_____.
783 🔸 모자장수 Ah, but t_____ a_____ 364 unbirthdays.
784 🔸 3월토끼   P_____ why we're g_____ here
                to c_____.
785 🔸 앨리스   Why, t_____,
                t_____ i_____ m_____ unbirthday, too.

771 아주 간단해 simple.
772 30일이 있는데... 아니지, 글쎄.
773 생일이 아닌 날은...
774 네가 생일을 가진다면 If you, 그 다음 너는...
775 생일 아닌 날이 뭔지 알지 못한단 know what an 말이야 is.
776 정말 명청하네 silly.
777 호, 호, 호, 호. 글쎄...
778 내가 설명해야겠어.
779 지금, 통계는 증명하지,
780 너는 하루만 생일을 가진다고 that you've one.
781 상상해봐 Imagine,
782 매년 every year 하루뿐이란 말이야.
783 하지만 생일 아닌 날은 364일이나 있지 there are.
784 정확히 Precisely 그래서 여기 모여 gathered 축하하는 cheer 거야.
785 와, 그렇다면 then, 오늘은 today 저도 is my 생일이 아닌 날인데요.

1 자막 없이 1회
2 한글 자막 1회
3 책의 빈칸 받아쓰기 1~20회
4 영어 자막 보고 따라 말하기 50회
5 자막 없이 들리는 대로 따라 말하기 40회

106

786 🐰 3월토끼 It is?

787 🎩 모자장수 What a _____ _____ this is.

788 🐰 3월토끼 In that _____...

789 🎩 A very merry unbirthday.

790 👧 앨리스 To me?

791 🎩 모자장수 To you.

792 🐰 3월토끼 A very merry unbirthday.

793 👧 앨리스 For me?

794 🎩 모자장수 For you.

795 🎩 Now _____ the _____ out, my dear,

796 🎩 and _____ your wish come true.

797 🐰 토끼/모자 A very merry unbirthday to you!

798 🐭 들쥐 Twinkle, twinkle, little _____.

799 🐭 들쥐 _____ I _____ what you're _____.

800 🐭 들쥐 Up above the world you _____

801 🐭 들쥐 like a _____ _____ in the _____.

802 👧 앨리스 That w_____ l_____.

786 그래?

787 세상은 참 좁다니까 small world.

788 그런 경우 case 라면...

789 생일 아닌 걸 아주 축하해.

790 나에게?

791 너에게.

792 생일 아닌 걸 아주 축하해.

793 날 위해서?

794 그래, 널 위해서.

795 촛불을 불면서 blow/candle, 얘야,

796 그리고 소원이 이루어지도록 빌어 make.

797 생일 아닌 날을 아주 축하해!

798 반짝, 반짝, 작은 박쥐 bat,

799 네가 어디 있는지 참 How 궁금해 wonder/at.

800 하늘 위로 떠올라 fly

801 하늘의 찻쟁반 tea tray/sky 처럼.

802 저것은 멋졌어요 was lovely.

감상 모짜르트의 '작은 별(또는 ABC 송)'을 개사해서 라임을 맞춘 것이 재미있습니다. bat-at, fly-sky. 그리고 '안 생일'을 생각해낸 것도 재미있습니다. 안 생일을 기념하면 1년 중 364일을 즐거워할 수 있을 텐데요. 사실 저는 하루하루가 신께서 주신 선물이라고 생각합니다. 오늘은 자신을 위해 수고했다고 생일 아닌 날 선물을 하나 주는 것은 어떨까요? 선물이 아니면 자유시간이라도요. 친구랑 생일 아닌 날 놀이를 해도 좋을 것 같습니다. 포인트는 생일이 아닌 날이라고 했을 때, 정말 몰랐다는 듯 '진짜?'라고 대답해주는 것이지요.

팁&감상

25 생일 아닌 날 기념 파티 3/6

44:55~ | 1 2 3 4 5 6 7 8 9 10 11 12 13 14 15 16 17 18 19 20

803	모자장수	And uh, and now, my dear…
804		You w_____ s_____
805		that you w_____ l_____ t_____ s_____ …
806		Pardon me.
807		Y_____ w_____ s_____ some i_____ of some kind?
808	앨리스	Oh, yes. I'm looking for a…
809	모자장수	C_____ cup. C_____ cup. Move down.
810	앨리스	But I h_____ u_____ my cup.
811	3월토끼	Clean cup, clean cup, move down, move down. Clean cup, Clean cup, move down.
812	모자장수	Would you l_____ a little more tea?
813	앨리스	Well, I haven't h_____ a_____ yet,
814		s_____ I can't very well t_____ more.
815	3월토끼	Ah, you m_____
816		you _____ very _____ take _____ .
817	모자장수	Yes.

803	그런데 음, 지금, 얘야…
804	너는 말하고 있었지 were saying /
805	알고 싶은 게 있다고 would like to see…
806	미안한데.
807	너는 어떤 정보를 찾고 있다고 You were seeking/ information 했잖아?
808	아, 맞아요. 내가 찾고 있는 건…
809	컵을 씻자 Clean, 컵을 씻자 Clean. 저리 비켜.
810	하지만 나는 컵을 쓰지도 않았 haven't used 는데.
811	컵을 씻자, 컵을 씻자, 저리 비켜, 비켜. 컵을 씻어야 해, 저리 비켜.
812	차 한 잔 더 할 테야 like?
813	아직 한 잔도 마시지 had/any 않았는데요.
814	그래서 so 더 마신다고 take 할 수 없어요.
815	그래, 네 말 mean 은
816	아주 잘 덜 마실 수는 없다는 것이구나 can't/well/less.
817	맞아.

818 모자장수 You can _____ take more _____ nothing.
819 앨리스 But I _____ _____ that...
820 모자장수 And _____, my dear...
821 Something _____ to be _____ you.
822 Won't you tell us _____ _____ _____?
823 3월 토끼 _____ _____ _____ beginning.
824 모자장수 Yes, yes.
825 And _____ you come _____ _____ _____...
826 _____. See?
827 앨리스 Well, it all started
828 _____ I was _____ on the _____ with Dinah.
829 3월 토끼 Very _____.
830 _____ Dinah?
831 앨리스 Dinah's my cat. You see...
832 들쥐 Cat?! Cat! Cat! Cat!
833 3월 토끼 Get the _____.
834 Put it on his _____. Put it on his _____!
835 모자장수 On his nose. On his nose.

818 언제나 always 안마신 것보다는 than 더 마실 수 있겠지.
819 하지만 제가 딱 only 말하려 했던 meant 것은...
820 그럼 이제 now, 얘야...
821 뭔가 고민거리가 있는 듯한데 seems/troubling.
822 그것에 대해 전부 all about it 말해 주겠니?
823 처음부터 시작해봐 Start at the.
824 맞아, 맞아.
825 그리고 얘기를 끝까지 다 하면 when/to the end ...
826 멈춰 stop, 알겠지?
827 있잖아요, 모든 것은 다이너와 함께 강둑에
828 앉아 있는 동안에 시작됐어요 while/sitting/river/bank.
829 아주 재미있겠다 interesting.
830 다이너가 누구 Who's 야?
831 다이너는 내 고양이에요. 당신이 알듯.
832 고양이?! 고양이! 고양이! 고양이!
833 잼 jam 을 가져와,
834 코 nose 에 발라. 코 nose 에 발라!
835 코에 발라. 코에 발라.

감상 찻잔을 비스킷처럼 차에 찍어 먹는 등, 기상천외한 방식의 주전자와 찻잔이 나오는데요. 상상력에 박수를 쳐주고 싶습니다. 예의를 강조하는 사람들이 앨리스에게 차를 한 잔 주겠다고 해놓고는 끝까지 주지 않는데요. 영국인인 저자가 영국인들의 위선을 비꼰 것이 아닐까요? 물론 좋은 영국사람들도 많지만요. 개인적으로 가장 좋았던 나라 5개에 영국이 꼽힙니다. 1년 내내 계속되는 비와 안개도 매력적이고, 문화가 많이 발달해서 다양한 볼 것들, 할 것들과 다양한 나라의 음식을 즐길 수 있는 것도 좋습니다.

26 생일 아닌 날 기념 파티 4/6

46:15~ 1 2 3 4 5 6 7 8 9 10 11 12 13 14 15 16 17 18 19 20

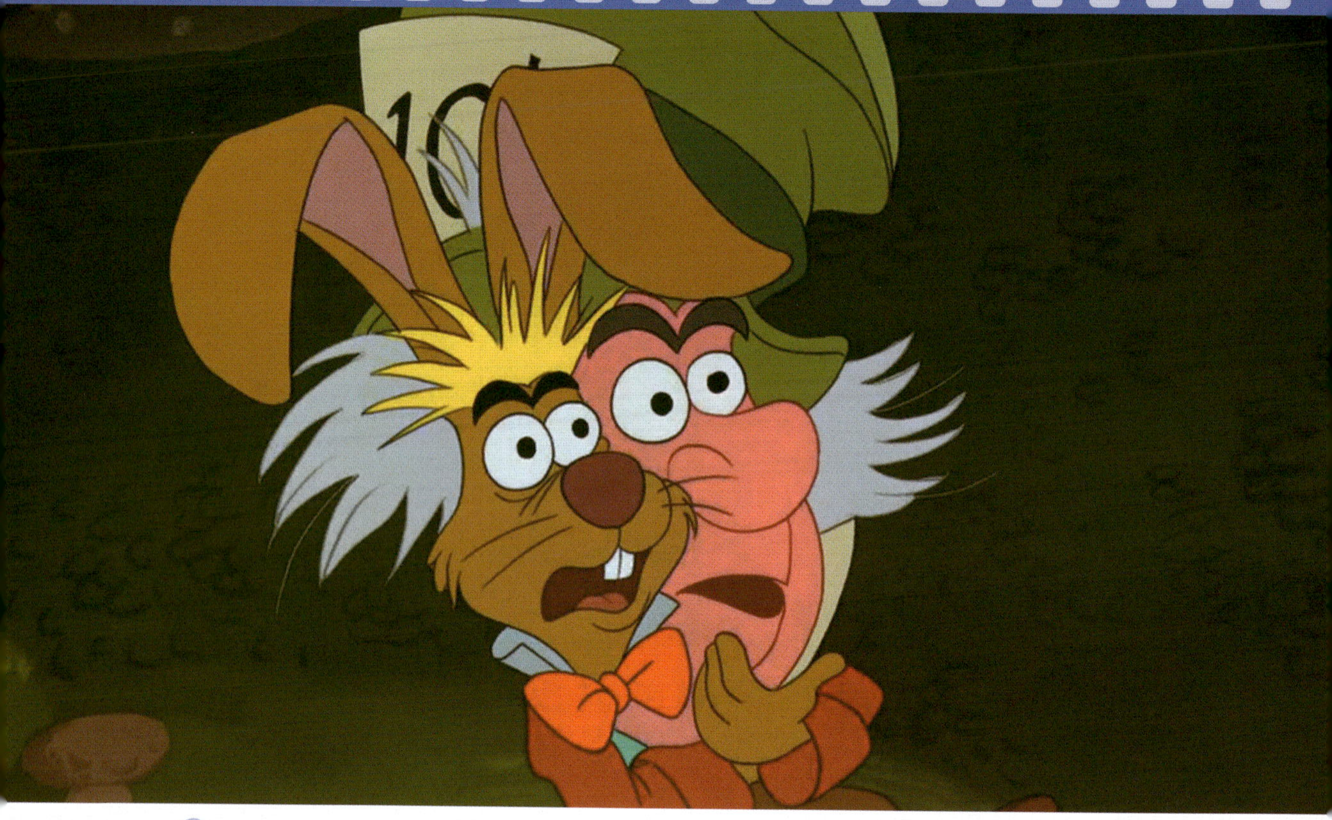

1 자막 없이 1회
2 한글 자막 1회
3 책의 빈칸 받아쓰기 1~20회
4 영어 자막 보고 따라 말하기 50회
5 자막 없이 들리는 대로 따라 말하기 40회

836 모자장수	Oh, oh, my goodness.	836 세상에.
837	T_____ are the things that u_____ me.	837 저런Those 일이 생기면 난 화난단upset 말이야.
838 3월토끼	See all the trouble y_____ started?	838 네가you've 시작한 모든 문제들을 봐봐?
839 앨리스	Really, I d_____ think that...	839 정말로요, 난 그렇게 생각 못했어요didn't.
840 3월토끼	Ah, but that's the p_____.	840 바로 그게 요점point이야.
841	If you don't think, you s_____ talk.	841 생각을 못하면 말을 하지 말아야지shouldn't.
842 모자장수	Clean cup. Clean cup.	842 컵을 씻어야 해. 컵을 씻자.
843	Move down. Move down. Move down.	843 저리 비켜. 저리 비켜. 저리 비켜.
844 앨리스	But I s_____ haven't u_____...	844 하지만 아직still 사용하지도used 않았는데...
845 3월토끼	Move down, move down, move down, move down.	845 비켜, 비켜, 비켜, 비켜.
846 모자장수	And n_____, my dear, as you were s_____?	846 이제now, 얘야, 뭐라고 말하고saying 있었지?
847 앨리스	Oh, yes. I was sitting o_____ the river bank	847 참, 네. 제가 강둑에on 앉아 있었는데
848	with uh, with you know w_____?	848 누구who랑 있었는지 알죠?
849 모자장수	I do?	849 내가 안다고?
850 앨리스	I m_____ my C_____.	850 제 말mean은 제 고-양-이C-A-T 말이에요.
851 모자장수	Tea?	851 차라고?
852 3월토끼	Just h_____ a cup,	852 난 반half 컵만 주면 좋겠어.

853	3월 토끼	_____ you _____.	853 네가 싫지 않다면if/don't mind.
854	모자장수	Come, come, my dear.	854 이봐, 이봐, 얘야.
855		Don't you _____ for tea?	855 넌 차 안 좋아하니care?
856	앨리스	Ah, yes, I'm very fond of tea, but...	856 물론, 저는 차를 아주 좋아해요, 그런데...
857	3월 토끼	You don't care for tea.	857 차가 싫다면.
858		You _____ _____ make _____ conversation.	858 예의바른 대화라도 할 수 있어could at least/polite.
859	앨리스	Well, I've been trying to _____ you...	859 계속 당신에게 물어보고ask 싶었는데요...
860	3월 토끼	I have an _____ idea.	860 훌륭한excellent 생각이 있어.
861		Let's _____ the _____.	861 화제를 바꾸자change/subject.
862	모자장수	Why is a raven like a _____? ♥	862 까마귀와 책상writing desk은 무엇이 비슷한가?
863	앨리스	Riddles? Let me see, now.	863 수수께끼예요? 어디 보자.
864		Why is a raven like a writing desk?	864 왜 까마귀와 책상이 비슷할까?
865	모자장수	I beg your pardon?	865 뭐라고?
866	앨리스	Why is a raven like a writing desk?	866 까마귀와 책상이 어디가 비슷할까요?
867	모자장수	Why is a what?	867 왜 그런데?
868	3월 토끼	_____.	868 조심해Careful.
869		She's stark raven _____.	869 그녀는 완전히 발광하며 미쳤어mad.
870	앨리스	But, but it's your silly riddle. You just said...	870 하지만, 바보같은 수수께끼네요. 방금 그래놓고...
871	모자장수	Don't get excited.	871 흥분 하지마.
872	3월 토끼	_____ _____ _____ cup of tea?	872 맛있는 차 한잔 할래myHow about a nice?
873	앨리스	_____ a cup of tea _____!	873 (너나) 정말 차 한잔 하세요Have/indeed!
874		Well, I'm sorry, but I _____ the time!	874 미안하지만, 난 지금 시간이 없어요just haven't.
875	3월 토끼	The time? The time?	875 시간? 시간?
876		_____ _____ the time?	876 누가Who's 시간이 있지got?

♥ 'Why is a raven like a writing desk?'는 <이상한 나라의 앨리스>에 있는 답이 없는 수수께끼입니다. 검색해보면 정말 많은 답변이 있습니다. 사람들의 재촉에 추후에 루이스 캐럴(이상한 나라의 앨리스 저자)이 답변을 달았습니다. Because it can produce a few notes, tho they are very flat; and it is nevar put with the wrong end in front! 중간에 never를 일부러 nevar로 썼는데요. 거꾸로 읽으면 raven입니다. 해석은, 둘 다 아주 낮고 적은 소리를 낸다; 그리고 그것은 절대 거꾸로 놓이지 않는다.

27 생일 아닌 날 기념 파티 5/6

47:48~ 1 2 3 4 5 6 7 8 9 10 11 12 13 14 15 16 17 18 19 20

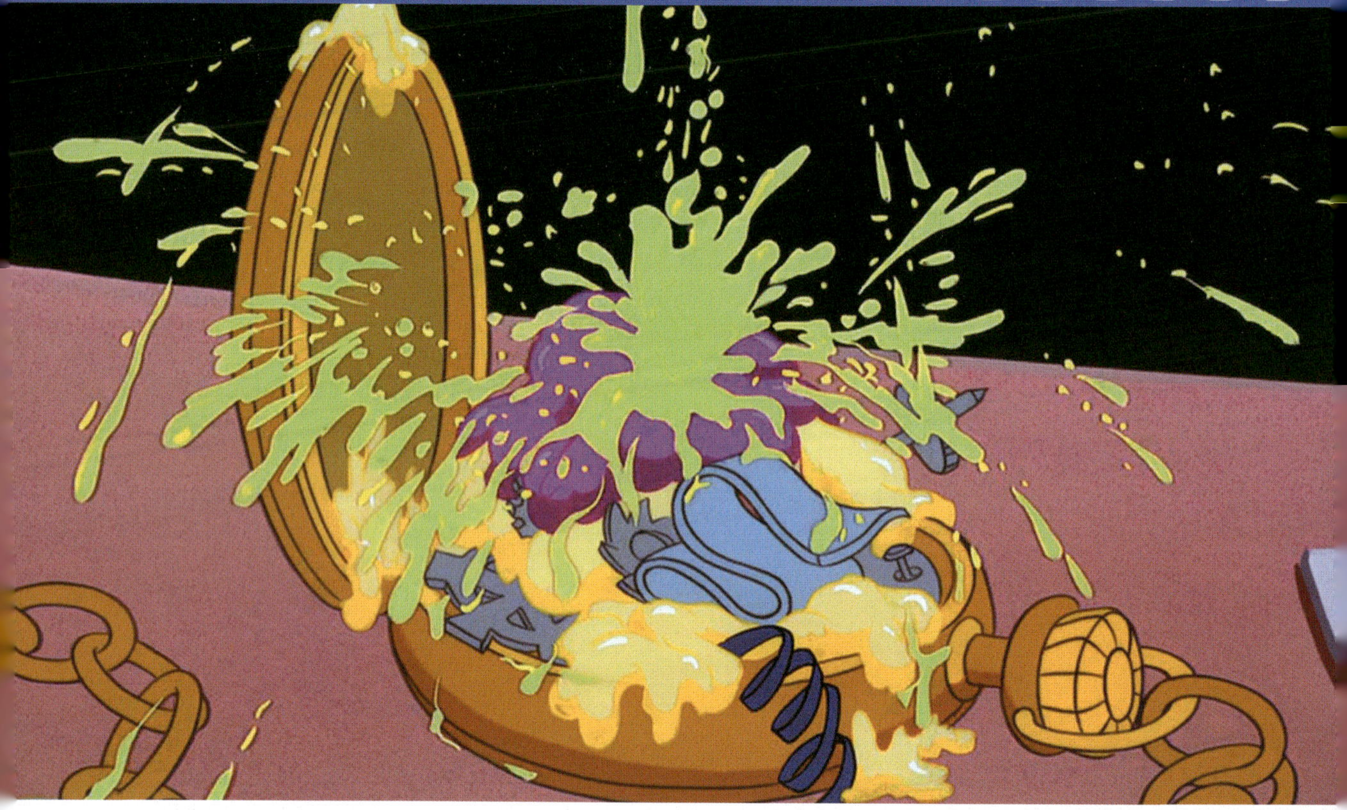

	877	토끼	No, no, no, no. No time, no time, no time.
	878		Hello, goodbye. I'm late, I'm late.
	879	앨리스	The white rabbit.
	880	토끼	I'm s_____ late, I'm s_____ very, very late.
	881	모자장수	Well, n_____ w_____ you're late.
	882		Why, this c_____ is e_____ two days slow.
	883	토끼	Two days slow?
	884	모자장수	C_____ you're l_____. Ha, ha, ha.
	885		My goodness.
	886		We'll have to l_____ i_____ this.
	887		Ah-ha. I see what's w_____ with it.
	888		Why, this watch is f_____ of w_____.
	889	토끼	Oh, my p_____ watch.
	890		Oh, my w_____ and s_____.
	891		But, but, but, but… but, but, but.
	892	모자장수	Butter, of course!
112	893		I_____ n_____ some butter. Butter!

877 아냐, 아냐, 아냐, 아냐. 시간 없어, 시간 없어, 시간 없어.
878 안녕, 잘 있어. 늦었어, 늦었어.
879 하얀 토끼다.
880 너무 so 늦었어! 너무 so 많이 늦었어.
881 글쎄, 당연히 no wonder 늦었지.
882 이런, 시계 clock 가 정확히 exactly 이틀이나 늦게 가다니.
883 이틀씩이나?
884 그러니 당연히 Course 늦지 late. 하, 하, 하.
885 맙소사.
886 이걸 살펴봐야 look into 겠어.
887 알겠다. 어디가 잘못됐 wrong 는지 알겠어.
888 이런, 이 시계는 온통 (톱니)바퀴들로 가득찼어 full/wheels.
889 불쌍한 poor 내 시계.
890 내 바퀴들 wheels, 스프링들 springs.
891 하지만, 하지만, 하지만… 하지만, 하지만.
892 버터야, 그래!
893 그것(시계)은 It 버터가 필요해 needs. 버터!

1 자막 없이 1회
2 한글 자막 1회
3 책의 빈칸 받아쓰기 1~20회
4 영어 자막 보고 따라 말하기 50회
5 자막 없이 들리는 대로 따라 말하기 40회

894	3월토끼	Butter!	894 버터!
895	토끼	But, but, butter?	895 하지만, 버, 버터라고?
896	모자장수	Butter, oh, thank you. Butter.	896 버터, 응, 고마워. 버터.
897		Yes, _____ fine.	897 맞아, 저것은 that's 괜찮아.
898	토끼	No, no... no, no, no.	898 안돼! 아냐... 아냐, 아냐, 아냐.
899		You'll _____ crumbs _____ _____.	899 그것 안이 엉망이 될 get/in it 거야.
900	모자장수	Oh, this is _____ _____ _____ butter.	900 이건 최고로 좋은 the very best 버터야.
901		What are you _____ _____ _____?	901 무슨 소리하고 talking about 있어?
902	3월토끼	Tea?	902 차 한잔?
903	모자장수	Tea? I never _____ _____ tea. Of course.	903 차? 차 생각은 못했어 thought of. 당연히 부어야지.
904	토끼	No.	904 안돼,
905	모자장수	Tea.	905 차 (좋지).
906	토끼	No, not tea.	906 안돼, 차는 아니야!
907	3월토끼	Sugar?	907 설탕?
908	모자장수	Sugar, two spoons, _____ two spoons.	908 설탕 두 숟가락, 딱 just 두 숟가락이다,
909		Thank you. Yes.	909 고마워. 응.
910	토끼	_____ be _____.	910 제발 Please 조심해 careful.
911	3월토끼	Jam.	911 잼?
912	모자장수	Jam. I _____ _____ _____ jam.♥	912 잼을 잊어버릴 forgot all about 뻔했네.
913		Just _____ you what a _____ do.	913 딱 보여 주잖아 shows 사람이 person'll 무엇을 하는지.
914	3월토끼	Mustard.	914 겨자.
915	모자장수	Mustard, yes, but. Mustard?	915 겨자, 좋아, 그런데. 겨자라고?
916		Don't _____ be _____.	916 바보 같이 굴지 말자 let's/silly.
917		_____, that's _____.	917 레몬 Lemon, 그래야 달라지지 different.
918		_____. That _____ do it.	918 거기있어 There. 고쳐졌을 거야 should.

♥ It just shows you에서 it을 생략하고 쓴 문장입니다.

감상 앨리스가 원하는 방식은 아니었겠지만, 결국 토끼를 찾기는 찾네요. 토끼가 말을 더듬으며 but(벗)을 외칠 때, 모자장수가 butter(버터)로 받는 모습이 재미있습니다. 그 버터를 토끼 얼굴에 던지는 것도 뒤에 나오는 여왕이 잼에 당하는 것의 복선이고요. 2스푼을 2 숟가락 양의 설탕이 아니라 숟가락 2개로 받는 것도 재미있습니다. 원작에서도 비슷한 말장난이 많이 나옵니다.

28 생일 아닌 날 기념 파티 6/6

49:06~ 1 2 3 4 5 6 7 8 9 10 11 12 13 14 15 16 17 18 19 20

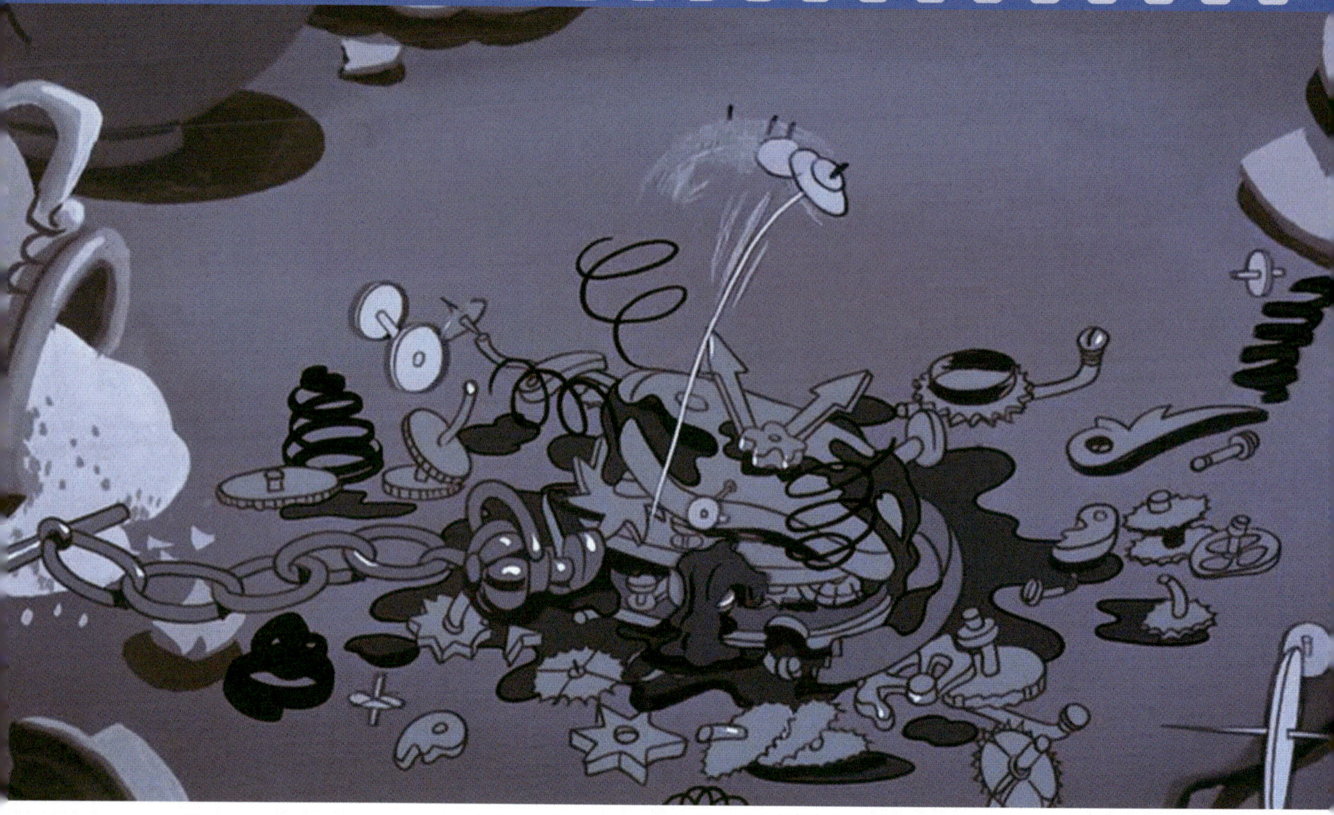

1 자막 없이 1회
2 한글 자막 1회
3 책의 빈칸 받아쓰기 1~20회
4 영어 자막 보고 따라 말하기 50회
5 자막 없이 들리는 대로 따라 말하기 40회

919 모자장수	L_____ a_____ that.	919 저걸 좀 봐Look at.
920 3월토끼	It's going m_____.	920 미친듯mad 빨리 가고 있어.
921 앨리스	Oh, my goodness.	921 이런, 맙소사.
922 토끼	Oh, dear.	922 이런, 세상에.
923 3월토끼	It's going mad.	923 미쳐가고 있어.
924	Mad watch. Mad watch. Mad watch.	924 미친 시계. 미친 시계. 미친 시계.
925 모자장수	Oh, l_____. Do you think the s_____... Oh, my goodness.	925 이런, 봐봐look. 용수철springs이 어떨 것이라 생각.. 이런, 세상에.
926 3월토끼	There's only o_____ w_____ to s_____ a mad watch.	926 미친 시계를 멈추는 방법은 하나one way/stop 뿐이야.
927 모자장수	(It's) t_____ d_____ s_____, that's what it is.	927 이틀이나 늦게two days slow 가는군, 어차피 고장난 거야.
928 토끼	Oh, my watch.	928 이런, 내 시계.
929 모자장수	It was?	929 그래?
930 토끼	And it was an u_____ p_____, too.	930 그리고 생일 아닌 날unbirthday 선물present로 받은 거야.
931 3월토끼	Well, in that case...	931 그런 경우라면...
932 토끼/모자	A very merry unbirthday to you.	932 생일 아닌 걸 축축하.
933 앨리스	Mr. Rabbit. Oh, Mr. Rabbit.	933 토끼님! 오, 토끼님!

934 🔊 Uh, now w_____ d_____ h_____ go to? | 934 어, 이제 그는 어디로 where did he 갔지?

935 🔊 토끼/모자 A very merry unbirthday to us, to us. | 935 우리에게 생일 아닌 걸 정말 축하해, 우리에게.

936 🔊 A very merry unbirthday to us, to us. | 936 우리에게 생일 아닌 걸 정말 축하해, 우리에게.

937 🔊 3월토끼 If there are no _____, | 937 반대들 objections 이 없으면,

938 🔊 let it _____ unanimous. | 938 만장일치로 be 하자.

939 🔊 앨리스 _____ _____ the silly nonsense.♥ | 939 바보 같은 말도 안되는 모든 일 중에서 Of all,

940 🔊 This is the _____ tea party | 940 이 가장 바보 stupidest 같은 파티는

941 🔊 _____ been | 941 내 I've ever 평생 처음이었어

_____. | to in all my life.

※ 2-3 Mike가 가장 재미있게 본 <거울 나라의 앨리스>의 장면

'Yes, but then I HAD done the things I was punished for,' said Alice: 'that makes all the difference.'

'But if you HADN'T done them,' the Queen said, 'that would have been better still; better, and better, and better!' Her voice went higher with each 'better,' till it got quite to a squeak at last.

Alice was just beginning to say 'There's a mistake somewhere--,' when the Queen began screaming so loud that she had to leave the sentence unfinished. 'Oh, oh, oh!' shouted the Queen, shaking her hand about as if she wanted to shake it off. 'My finger's bleeding! Oh, oh, oh, oh!'

Her screams were so exactly like the whistle of a steam-engine, that Alice had to hold both her hands over her ears.

'What IS the matter?' she said, as soon as there was a chance of making herself heard. 'Have you pricked your finger?'

'I haven't pricked it YET,' the Queen said, 'but I soon shall--oh, oh, oh!'

'When do you expect to do it?' Alice asked, feeling very much inclined to laugh.

(p.121 계속)

♥ of가 '~의'가 아니라 '~ 중에서'를 의미할 수도 있습니다.

감상 미친(3월) 토끼가 망치까지 들고 있습니다. 현실에서도 일을 바로잡으려다가 오히려 그르치는 경우가 종종 있는데요. 저는 특히 서두를 때 그렇습니다. 일부러 모자 장수처럼 하는 것은 아니지만, 지나고 나서 보면 모자 장수처럼 행동한 경우가 있더라고요. 토끼만 불쌍하게 됐습니다.

29 털지 숲에서의 방황 1/3

942 앨리스 Well, I_____ h_____ e_____ nonsense.
943 I'm going home, s_____ home.
944 That rabbit,
945 who c_____ w_____ he's going a_____?
946 I_____ i_____ h_____ been for him, I...
947 Tulgey W_____?
948 Hm. Curious. I d_____ r_____ this.
949 Now, let me see.
950 Oh, no, no, p_____.
951 No m_____ nonsense.
952 Now, i_____ I came t_____ way,
953 I s_____ go b_____ this way.
954 Oh, I beg your pardon.
955 Goodness. W_____ I get home,
956 I s_____ w_____ a book about this p_____.
957 If I... If I e_____ d_____ get home. ♥
958 Oh, erm... excuse me.

942 이런, 터무니없는 일은 충분히 가졌어 I've had/enough.
943 곧바로 straight 집에 갈 거야.
944 토끼가
945 어디로 갔든 무슨 상관이야 cares where/anyway?
946 그 토끼만 아니었어도 if it hadn't, 나는...
947 털지 숲 Wood이라고?
948 흠. 신기해라. 이런건 기억 안 나는데 don't remember.
949 어디 보자.
950 아, 아냐, 제발 please.
951 터무니없는 일은 더는 more 아니야.
952 지금, 이 길로 들어왔으니 if/this,
953 이 길로 돌아 나가야 should/back 되겠지.
954 이런, 미안해요.
955 세상에. 집에 가면 When,
956 이곳에 대해 책을 써야만 하겠어 shall write/place.
957 만약 내가... 혹시라도 ever do 집에 간다면 말이야.
958 어머나, 음... 실례해요.

959 🐘 앨리스	Um, could _____ tell me?	959 당신들 중 누가 one of you 뭐 좀 말해줄 수 있을까요?
960 🐘	_____ _____.	960 됐어요 Never mind.
961 🐘	Oh, dear. It's _____ dreadfully _____.	961 이런. 날은 점점 getting 몹시 어두워지고 dark.
962 🐘	And nothing _____.	962 어떤 것도 익숙한 것은 없게 보여 looks/familiar.
963 🐘	I _____ _____ glad to get out _____... Oh.	963 여길에서 나가면 분명히 shall certainly be 기쁠거야... 이런 of.
964 🐘	_____ _____ so nice	964 그러면 It would be 정말 좋겠는데/
965 🐘	_____ would make _____ for a _____.	965 말이 되는 게 하나라도 있으면 if something/ sense/change.
966 🐘	Oh! 'DON'T STEP ON THE MOME RATHS'	966 이런! '바다 거북을 밟지 마시오'
967 🐘	The mome raths?	967 바다 거북이라고?
968 🐘	A _____! ♥♥ Oh, thank goodness.	968 길 path이다! 어머나, 고마워라.
969 🐘	Oh, I just knew	969 나는 알았어/
970 🐘	_____ find _____ _____ or later.	970 조만간 길을 찾아낼 줄 I'd/one/sooner.
971 🐘	If I hurry, perhaps I _____ _____	971 서둘러 가면, 아마 갈지도 몰라 might even
972 🐘	_____ home _____ for tea.	972 집에 차 마실 시간 맞춰 be/in time.
973 🐘	Oh, _____ Dinah _____ to see me!	973 다이너가 반가워하지 않을까 won't/be happy!
974 🐘	Oh, I just _____ _____ till I... Huh.	974 단지 기다릴 수 없어 can't wait/ 내가... 깜짝이야.

♥ 강조하려고 do를 쓴 것입니다.
♥♥ 미국식 발음으로는 '팻(ㄸ)'인데 앨리스는 영국식 발음이라 '팟(ㄸ)'라고 하네요.

감상 상상력을 자극하는 다양한 동물 중에 어떤 동물이 가장 재미있었나요? 개인적으로는 새장으로 된 새가 재미있었습니다. 앨리스도 이제 '터무니없는 것들(nonsense)'에 지쳐서 집에 가고 싶어 하네요. 방향 없는 인생이 어디 있겠습니까.

30 털지 숲에서의 방황 2/3

53:50~ | 1 2 3 4 5 6 7 8 9 10 11 12 13 14 15 16 17 18 19 20

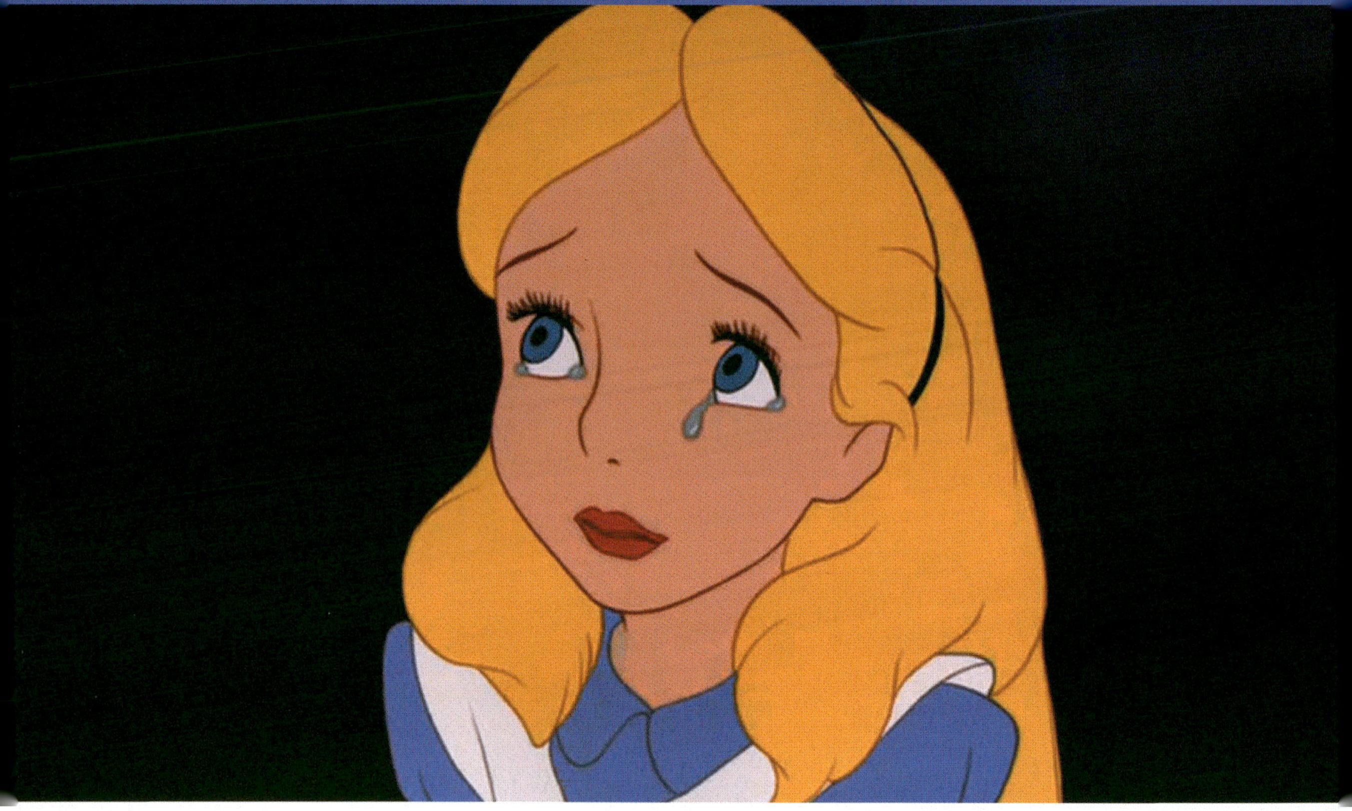

1 자막 없이 1회
2 한글 자막 1회
3 책의 빈칸 받아쓰기 1~20회
4 영어 자막 보고 따라 말하기 50회
5 자막 없이 들리는 대로 따라 말하기 40회

975	앨리스 Oh, dear.	975 이런, 맙소사.
976	Now I, Now I s_____ never g_____ o_____.	976 이제 나는, 이제 나는 나갈 수 없어 shall/get out.
977	Well, when, when o_____ l_____, I...	977 누군가가 one's 길을 잃었을 lost 땐, 난...
978	I suppose it's g_____ advice	978 아마도 그 자리에 가만히 있는 게 좋댔어 good
979	t_____ s_____ where you are	979 to stay
980	u_____ someone f_____ you.	980 누군가 날 찾아 낼 때까지 until/finds.
981	But, but w_____ ever	981 하지만 누가 who'd 여기로
982	t_____ t_____ l_____ for me h_____?	982 날 찾아오려고 생각할까 think to look/here?
983	Hm, good advice.	983 흠, 좋은 충고야.
984	If, if, if... if I_____ listened e_____,	984 진작에 내가 I'd/earlier (그 말을) 들었으면,
985	I w_____ be here.	985 나는 여기 있지 않을거야 wouldn't.
986	But, but that's just the t_____ w_____ me.	986 하지만, 하지만 난 그게 문제야 trouble with.
987	I g_____ myself very g_____ a_____.	987 내 스스로에게 좋은 충고를 주긴 하지 give/good advice.
988	But I very seldom f_____ it.	988 하지만 따르는 follow 적이 거의 없어.
989	That e_____ the trouble	989 저것이 문제를 설명하잖아 explains/
990	t_____ I_____ always i_____.	990 내가 that I'm 항상 빠지는 in 문제를.
991	'Be p_____' is very good advice.	991 '(좀만) 참아 patient'는 좋은 충고야.

992 앨리스	But the _____ makes me _____.	992 하지만 기다리면 waiting 궁금해지지 curious.
993	And _____ the change	993 그리고 넌'd 변화를 사랑하잖아 love
994	_____ something _____ begin.♥	994 어떤 이상한 일이 시작돼야 한다면 Should/strange.
995	Well, I _____ along my _____ way.	995 글쎄, 나는 내가 좋아하는 길로만 갔어 went/merry.
996	And I never _____ to _____.	996 그리고 생각을 절대 멈추지 않았어 stopped/reason.
997	I _____ known	997 내가 알았어야 했는데 should've/
998	There'd be a _____ someday.	998 언젠가는 그 댓가를 지불해야 price to pay 한다는 것을.
999 합창	Someday.	999 언젠가는 말이야.
1000 앨리스	Someday.	1000 언젠가는 말이야.
1001 합창	Someday.	1001 언젠가는 말이야.
1002 앨리스	_____ very good advice.	1002 내 스스로에게 좋은 충고를 주긴 하지 I give myself.
1003	But I very _____ follow it	1003 하지만 따르는 적이 거의 없어 seldom.
1004	Will I ever _____ to do	1004 나는 언젠가는 배울 learn 수 있을까/
1005	_____ I _____?	1005 내가 해야만 하는 것들을 하는 것을 the things/should?
1006 합창	Will I ever _____,	1006 내가 배울 learn 수 있을까.
1007	_____ to do _____ I _____?	1007 내가 해야만 하는 것들을 하는 것을 learn/the things/ should.

♥ 의문문이 아닌데 should가 주어 앞으로 간 것은, 앞에 if가 생략됐기 때문입니다. 원래 문장은 If something strange should begin~

감상 저도 어려서는 빨리 어른이 되고 싶었습니다. 하지만 대부분의 어른들은 다시 어릴 때로 돌아가고 싶어 합니다. 앨리스의 말처럼 어른이 되면(철이 든다는 것은) 하기 싫은 일도 해야 하거든요. 하이라이트인 만큼 노래하는 앨리스의 표정과 몸짓의 그림에 더 공을 들인 티가 납니다. 그리고 음악은 왠지 크리스마스 느낌이 나는 것 같은데요. 저만 그렇게 느끼나요?

31 털지 숲에서의 방황 3/3

56:10~ | 1 2 3 4 5 6 7 8 9 10 11 12 13 14 15 16 17 18 19 20

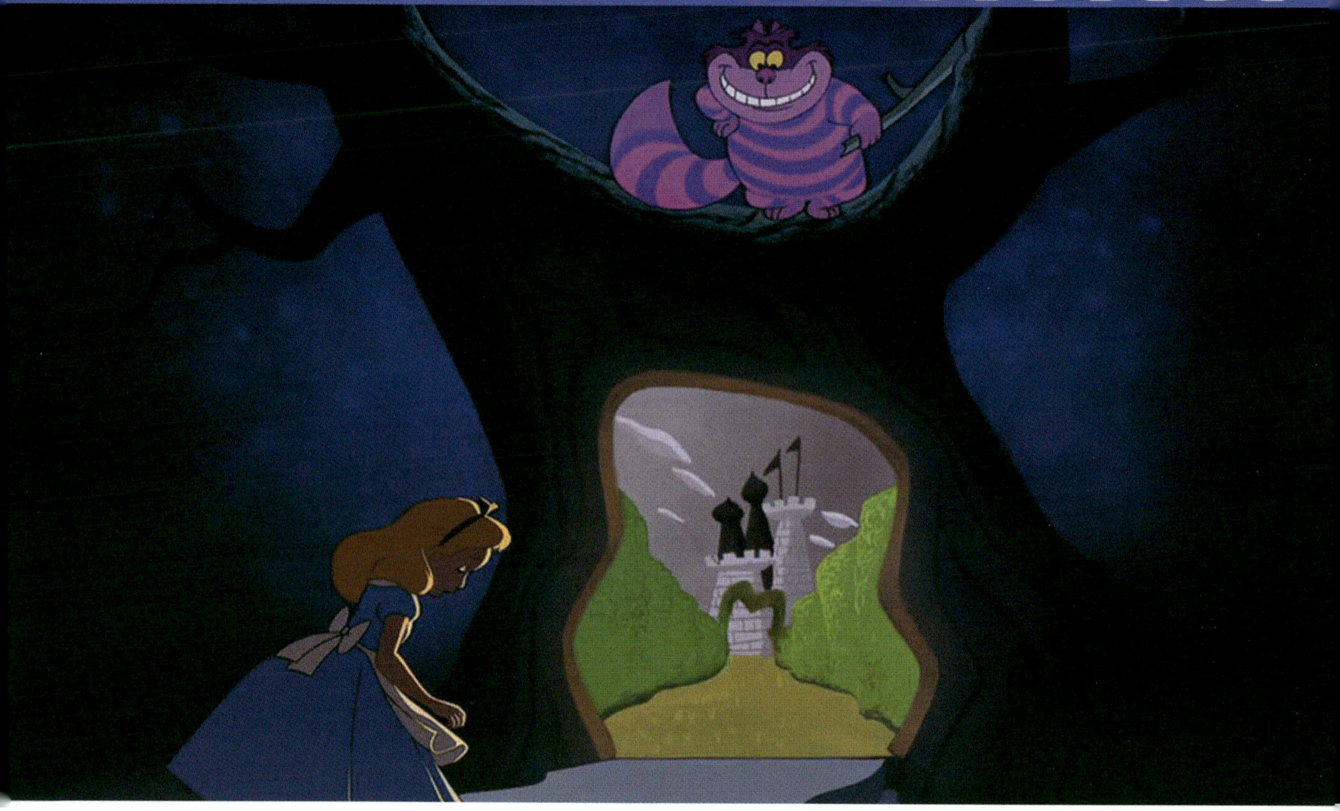

1 자막 없이 1회
2 한글 자막 1회
3 책의 빈칸 받아쓰기 1~20회
4 영어 자막 보고 따라 말하기 50회
5 자막 없이 들리는 대로 따라 말하기 40회

1008 고양이	And the mome raths outgrabe.	1008 바다 거북들은 소리를 지르네.
1009 앨리스	Oh, Cheshire Cat, i_____ y_____!	1009 어머, 체셔 고양이, 너로구나 it's you!
1010 고양이	W_____ did you e_____?	1010 그럼 누군 줄 Whom 기대했어 expect?
1011	The white rabbit, perchance?	1011 하얀 토끼를, 혹시라도 (기대했다면)?
1012 앨리스	Oh, no, no, no.	1012 이런, 아니, 아니, 아니야.
1013	I, I, I, I'm t_____ w_____ rabbits.	1013 토끼는 포기했어 through with.
1014	I w_____ go home.	1014 난 집에 가고 싶은데 wanna.
1015	But I c_____ f_____ my way.	1015 길을 찾을 수 없어 can't find.
1016 고양이	N_____.	1016 당연하지 Naturally.
1017	T_____ because you have n_____ w_____.	1017 그거야 That's 너는 길이 없으니까 no way.
1018	All ways h_____, you s_____,	1018 여기에서 here는 모든 길이, 너도 알겠지만 see,
1019	a_____ the q_____ ways.	1019 여왕이 (가진) are/queen's 길이야.
1020 앨리스	But I've never m_____ any q_____.	1020 여왕은 만나본 met/queen 적이 없는데.
1021 고양이	You haven't? You haven't?	1021 만나본 적이 없다고? 정말 없다고?
1022	Oh, b_____ you m_____.	1022 그렇지만 but, 꼭 만나봐야 돼 must.
1023	She'll be m_____ about you,	1023 여왕님이 널 아주 좋아하실 거야 mad,
1024	simply m_____.	1024 말 그대로 미쳤다고 mad 할 만큼.

1025	고양이	_____ _____ **mome raths outgrabe.**	1025 그리고 그And the 바다 거북들은 소리를 지르네.

1026 🐾 앨리스   Please, please.

1026 제발, 부탁이야.

1027 🐾   Uh, _____ can I _____ _____?

1027 음, 어떻게how 그녀를 찾을 find/her수 있지?

1028 🐾 고양이 Well, some go _____ way.

1028 글쎄, 누군가는 이쪽this으로 가고.

1029 🐾   Some go _____ way.

1029 다른 이는 저쪽that으로 가지.

1030 🐾   But _____ _____ me, myself,
       _____ _____ ...

1030 하지만 나한테는as for, 스스로,
     개인적으로는personally...

1031 🐾   I _____ the **short cut**.

1031 지름길을 선호하지prefer.

1032 🐾 앨리스 Oh.

1032 어머나.

※ 2-4 Mike가 가장 재미있게 본 <거울 나라의 앨리스>의 장면

'When I fasten my shawl again,' the poor Queen groaned out: 'the brooch will come undone directly. Oh, oh!' As she said the words the brooch flew open, and the Queen clutched wildly at it, and tried to clasp it again.

'Take care!' cried Alice. 'You're holding it all crooked!' And she caught at the brooch; but it was too late: the pin had slipped, and the Queen had pricked her finger.

'That accounts for the bleeding, you see,' she said to Alice with a smile. 'Now you understand the way things happen here.'

'But why don't you scream now?' Alice asked, holding her hands ready to put over her ears again.

'Why, I've done all the screaming already,' said the Queen. 'What would be the good of having it all over again?' ※

팁&감상 초승달이 고양이 입으로 변하는 장면 전환이 인상적입니다. 여왕님 얘기가 나오자마자 울음을 딱 그치네요. 여왕을 보고 싶어 하는 모습에서 호기심이 얼마나 많은지 알 수 있습니다. 아마도 앨리스 성우는 애정을 듬뿍 갖고 이 작품을 작업했을 것입니다. 그리고 앨리스의 목소리를 했다는 것이 평생 따라다녔을 것입니다. 초등학교 선생님 할 때도 아이들이 앨리스 대사해달라고 많이 졸랐을 것 같습니다. 제가 요청한다면, 앨리스에 수록된 곡들, How~no pictures in it, Have a cup of tea indeed 대사 요청하고 싶습니다.

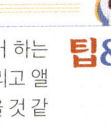

32 장미 붉게 칠하기 1/2

57:18~ | 1 2 3 4 5 6 7 8 9 10 11 12 13 14 15 16 17 18 19 20

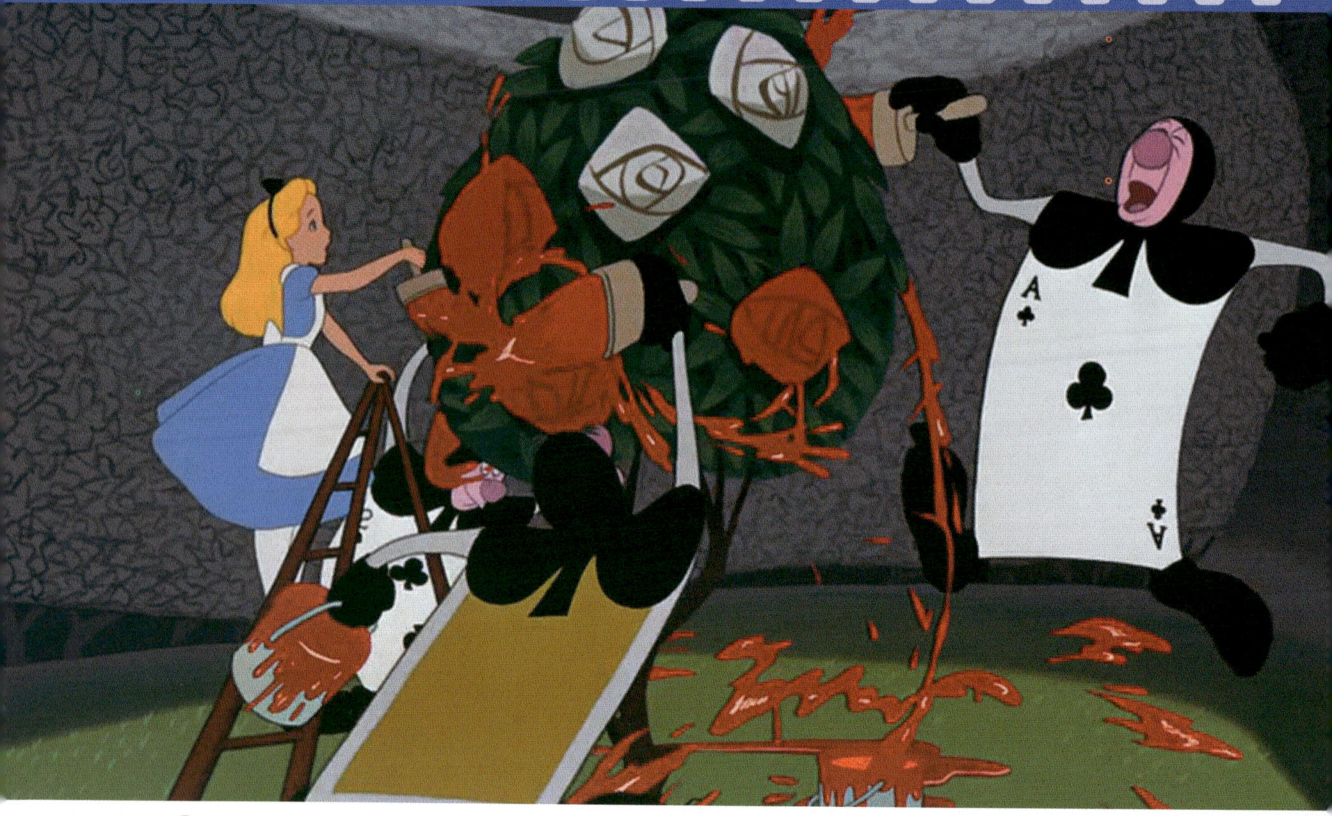

1 자막 없이 1회
2 한글 자막 1회
3 책의 빈칸 받아쓰기 1~20회
4 영어 자막 보고 따라 말하기 50회
5 자막 없이 들리는 대로 따라 말하기 40회

1033 병사들	Painting the r_____ red.	1033 장미들roses을 빨갛게 칠하세.
1034	We're painting the r_____ red.	1034 우리는 장미들roses을 빨갛게 칠한다네.
1035	We **dare** not s_____ or w_____ a drop.	1035 감히 멈추거나stop 한방울도 낭비하면waste 안된다.
1036	s_____ l_____ the paint be s_____.	1036 그래서 페인트가 잘 발라지도록so let/spread.
1037	We're painting the roses red.	1037 우리는 장미들을 빨갛게 칠한다네.
1038	We're painting the roses red.	1038 우리는 장미들을 빨갛게 칠한다네.
1039	bo, bo, bo, bom, oh~.	1039 보, 보, 보, 봄, 오~.
1040	Painting the roses red.	1040 장미들을 빨갛게 칠하세.
1041	And m_____ a t_____ we **shed**♥	1041 그리고 우리는 많은many 눈물tear을 흘렸지
1042 병사3	because we know	1042 우리가 알기 때문에
1043 병사2,3	t_____ cease to g_____.	1043 장미들이they'll 자라지grow 않을 것임을.
1044 병사1	In f_____, they'll s_____ be d_____.	1044 사실fact, 그들은 머지않아soon 모두 죽을 거야dead.
1045 병사들	No. A_____ yet we g_____ a_____, painting the roses red.	1045 안돼. 그래And 도 우리는계속 해나간다네go ahead, 장미를 빨갛게 칠하는 것을 말이야.
1046 병사1	Painting the roses red.	1046 장미들을 빨갛게 칠하세.
1047	We're painting the roses red.	1047 우리는 장미들을 빨갛게 칠한다네.
1048 앨리스	_____ _____ but, Mr. _____,	1048 실례지만Pardon me, 세Three분께서는,

1	2	3	4	5	6	7	8	9	10	11	12	13	14	15	16	17	18	19	20	21	22	23	24	25
26	27	28	29	30	31	32	33	34	35	36	37	38	39	40	41	42	43	44	45	46	47	48	49	50
51	52	53	54	55	56	57	58	59	60	61	62	63	64	65	66	67	68	69	70	71	72	73	74	75
76	77	78	79	80	81	82	83	84	85	86	87	88	89	90	91	92	93	94	95	96	97	98	99	100

100LS 100번 듣고/말하기 한 번 할 때마다 숫자에 O 표시

21 22 23 24 25 26 27 28 29 30 31 **32** 33 34 35 36 37 38 39 40

1049 _____ must you _____ ?

1050 병사들 Huh? Oh!
1051 병사3 Well, the fact is, _____, ♥♥
1052   we _____
1053   the _____ roses by _____, and...
1054 병사들 The _____, she likes them _____
1055   If she _____ white _____,
1056 병사1 She'd _____ a fuss. ♥♥♥
1057 병사2 And each of us
1058 병사1,2 would _____ lose his _____.
1059 앨리스 Goodness.
1060 병사들 _____ this is the thought we dread,
1061   we're painting the roses red.
1062 앨리스 Oh, dear. Then let me help you.
1063   Painting the roses red.
1064 앨/병사 We're painting the roses red.
1065 앨/병사 _____ the queen
1066   what you _____
1067   or _____ that's what we said.
1068 병사들 But we're painting the roses red.
1069 앨리스 Yes, painting the roses red.
1070 병사1 Not _____.
1071 병사2 Not _____.
1072 앨리스 Not aquamarine.
1073 병사들 We're painting the roses red.

1074 병사3 The queen!
1075 병사2 The queen!
1076 앨리스 Queen?
1077 병사들 The queen!

1049 왜why 장미에 빨간 칠을 해야 하나요paint them red?

1050 응? 어이구!
1051 있잖아, 실은, 아가씨,
1052 우리가 실수로 하얀 장미를
1053 심었기planted/white/mistake 때문이야. 그리고...
1054 여왕님queen은, 빨간red 장미만 좋아해
1055 (빨간 장미) 대신에 흰장미를 보신다면saw/instead,
1056 그녀는 요란을 피울거야raise.
1057 그리고 우리 모두는
1058 빠르게quickly 머리head가 잘리겠지.
1059 세상에!
1060 이 무서운 생각 때문에Since,
1061 우리는 장미를 빨갛게 칠하고 있다네.
1062 저런, 불쌍해라. 그러면 저도 도와 드릴게요.
1063 장미를 빨갛게 칠하세.
1064 우리는 장미를 빨갛게 칠한다네.
1065 여왕님께 네가 본 것이나Don't tell
1066 have seen
1067 우리가 말한 것을 말하지 마say.
1068 우리는 장미를 빨갛게 칠하고 있다네.
1069 그래요, 빨갛게 칠해요.
1070 분홍pink은 안돼!
1071 초록green도 안돼!
1072 남옥색!도 안돼죠!
1073 우리는 장미들을 빨갛게 칠해야 해.

1074 여왕님이다!
1075 여왕님이다!
1076 여왕님?
1077 여왕님이 오신다!

♥ many+단수 명사는 문법상 단수 취급하지만 복수를 의미합니다. ♥♥ 아일랜드(영국)쪽 억양이라 독특합니다. ♥♥♥ 라임을 살렸네요. red/shed/dead/dread/red, fuss/us.

팁&감상

감상 하트 여왕 나라에서 클로버가 얼마나 설움이 많았을까요. 게다가 숫자도 카드에서 가장 낮은 123입니다. 트럼프에서 높은 카드 순서는 스페이드-다이아-하트-클럽입니다. 또, 노래의 같은 음정에서 가사만 다르게 앨리스가 치고 들어가는 연출이 인상적이었습니다.

33 장미 붉게 칠하기 2/2

1078	대장	C_____, halt!	1078 (모두) 카드 Cards 제자리에!
1079		Count off!	1079 점호 불러!
1080	병사	One, two, three, four, five, six, seven, eight, nine, ten, j_____.	1080 1, 2, 3, 4, 5, 6, 7, 8, 9, 10, 잭jack!
1081	앨리스	The rabbit!	1081 토끼다!
1082	토끼	Her, Her Imperial Highness, Her, her G_____,	1082 여왕 전하 납시오, 영광스러우신 Grace,
1083		Her Excellency, Her Royal Majesty, the Queen of H_____.	1083 여왕 각하이자, 여왕 폐하이신, 하트Hearts의 여왕님. (병사들: 만세!)
1084		And the k_____. ♥	1084 그리고 왕king도 있네요.
1085	병사	Hooray.	1085 만세.
1086	여왕	Hmm!	1086 흠!
1087		Who's b_____ painting my roses red?	1087 누가 장미에 칠을 했느냐been?
1088		Who's b_____ painting my roses red?	1088 누가 내 장미에 칠을 했냐고been?
1089		Who dares to paint	1089 감히 누가
1090		with vulgar paint the r_____ flower b_____?	1090 왕궁royal의 화단bed을 천박한 페인트로 칠했느냐?
1091		F_____ painting my roses red.	1091 왜냐하면For 내 장미들을 붉게 칠했으니.
1092		Someone w_____ l_____ his h_____.	1092 누구든 머리를 잃게 될 것이다will lose/head.

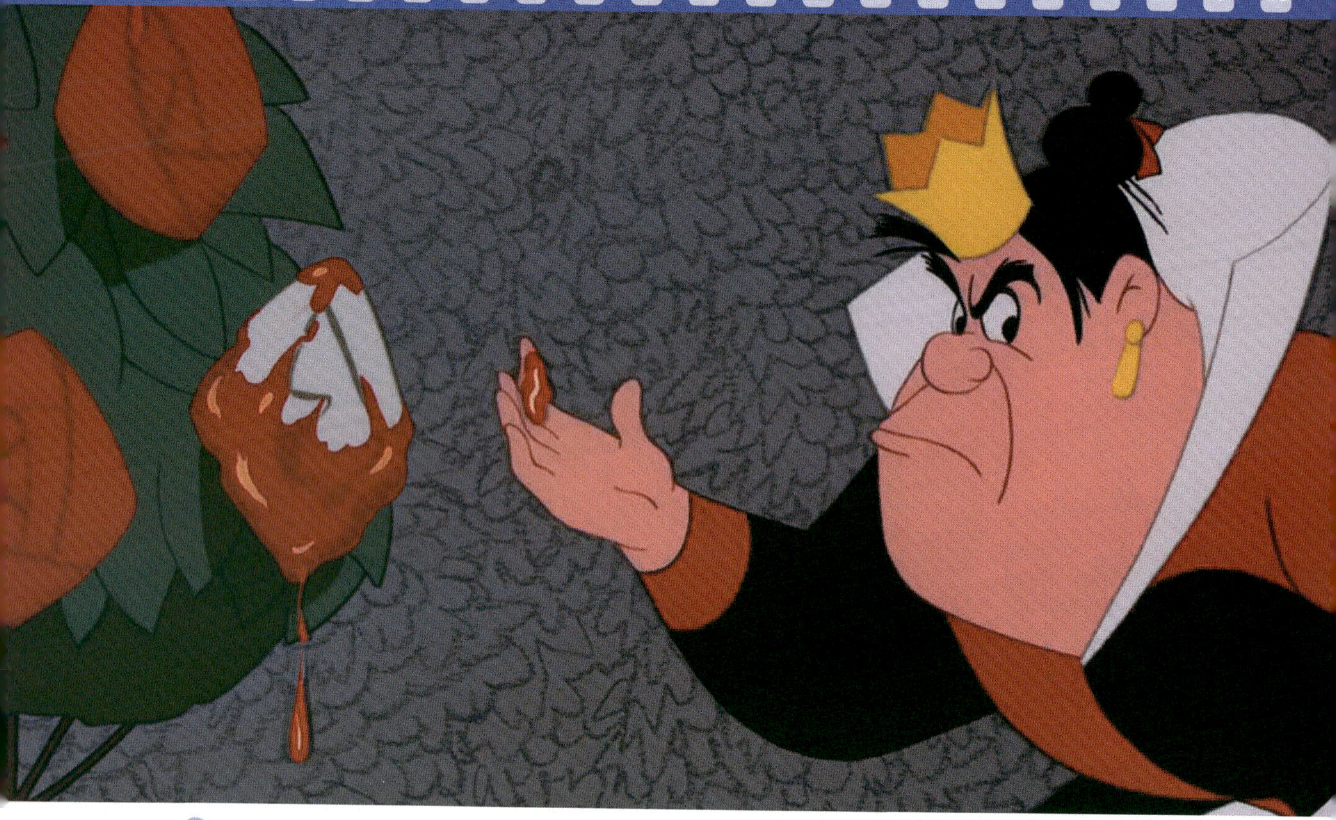

1 자막 없이 1회
2 한글 자막 1회
3 색의 빈칸 받아쓰기 1~20회
4 영어 자막 보고 따라 말하기 50회
5 자막 없이 들리는 대로 따라 말하기 40회

1093 병사3 Oh, no, _____ Majesty, please.

1094 병사3 It's _____ his _____.

1095 병사2 Not me, Your Grace. The _____. The _____.

1096 여왕 You?

1097 병사1 No. Two.

1098 여왕 The deuce, you _____?

1099 병사2 Not me. The trey.

1100 여왕 That's _____!

1101 Off with _____ _____!

1102 합창 They're going to lose _____.

1103 For painting the roses red.

1104 It _____ them _____.

1105 They planted _____

1106 and roses _____ be red, oh.

1107 They're _____ lose their heads.

1108 여왕 _____!

1093 여왕 폐하 your, 부탁드립니다.

1094 모두 all 저 놈 잘못 fault 입니다.

1095 전 아닙니다. 폐하. 에이스 ace. 에이스 ace가 잘못했어요.

1096 너냐?

1097 아뇨, 2(의 잘못) 입니다.

1098 2카드란 말이냐, 네 말 say 은?

1099 전 아닙니다, 3(의 잘못)입니다.

1100 이제 충분하다 (그만해라) enough!

1101 그들의 머리 their heads 를 떼어내라! (만세!)

1102 그들은 their 머리 heads 가 잘리게 될 것이라네.

1103 왜냐하면 장미를 빨갛게 칠했으니까.

1104 죽어 마땅하지 serves/right,

1105 흰 white 장미를 심었는데

1106 장미는 붉어야만 should 하니까, 오.

1107 그들은 머리가 잘리게 될 것 going to 이라네.

1108 조용히 하라 Silence!

♥ 과거 영국에서는 여왕이 주로 다스리고 왕은 존재감이 별로 없기 때문에 앨리스에서 이렇게 표현한 것 같습니다.
감상 halt와 heart의 발음의 비슷한 점을 이용해서 하트 모양으로 정렬하네요. 누워 있는 앨리스 위의 그림자로 움직임을 표현한 것도 재미 있습니다. 여왕의 호통에 카드가 날아가는 것도 재미있고요. red와 head의 라임을 맞춘 것도 재미있습니다. 숨이 차서 헉헉거리는 소리를 her로 발음하는 토끼도 재미있습니다. 그리고 드디어 토끼가 왜 바빴는지 밝혀집니다.

34 여왕의 크로케 경기장 1/2

1:1:36~

1109	앨리스	Oh, please, please, they w_____ o_____ trying...	1109 이런, 제발, 안돼요. 카드님들은 단지were only...
1110	여왕	And w_____ i_____ this?	1110 이 아이는 누군가who is?
1111	왕	Uh... well. well, well, now,	1111 어디... 글쎄. 그럼, 그럼, 이제,
1112		And l_____ m_____ see, m_____ dear.	1112 내가 볼게let me, 얘야my.
1113		It certainly i_____ a h_____.	1113 하트는 분명 아닌데isn't/heart.
1114		Do you s_____ it's a c_____?	1114 그럼 네 생각엔 클로버 카드니suppose/club?
1115	여왕	Why, it's a little g_____.	1115 아니, 어린 소녀girl구나.
1116	앨리스	Yes. And I was h_____...	1116 맞아요. 제가 바라건데hoping...
1117	여왕	L_____ u_____. Speak n_____.	1117 고개를 들고Look up 똑똑히nicely 말해.
1118		And don't twiddle your f_____.	1118 그리고 손가락들fingers은 꼼지락 거리지 말고.
1119		T_____ out your t_____. Curtsy.	1119 발을 벌리고Turn/toes (서서하는)절을 해.
1120		Open your m_____ a little w_____.	1120 입mouth을 좀 더 벌리고wider.
1121		And a_____ s_____,	1121 그리고 항상always,
1122		"Yes, Your Majesty."	1122 "네, 여왕 폐하"라고 말해야say한다.
1123	앨리스	Yes, Your Majesty.	1123 네, 여왕 폐하.
1124	여왕	Now, um, where d'you c_____ f_____	1124 지금, 넌 어디서 왔으며come from
1125		and where are you g_____?	1125 어디로 가는going 길이냐?

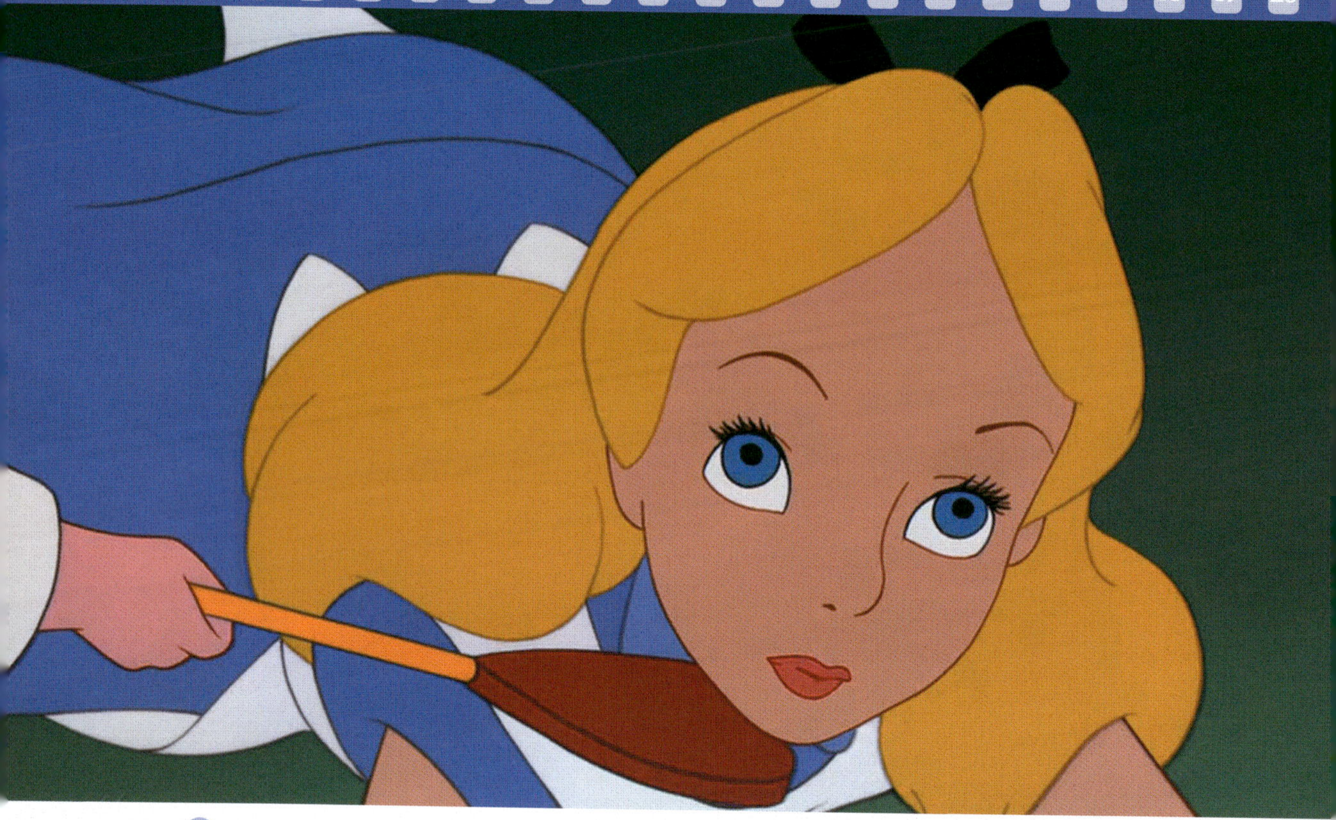

1126 🔊 앨리스 I'm _____ _____ my way home. 1126 전 집으로 가는 길을 찾으려고 해요 trying to find.
1127 🔊 여왕 Your way?! 1127 너의 길(집으로 가는 길)이라고?!
1128 🔊 _____ _____ here _____ my ways! 1128 여기선 모든 길 All ways/are 이 내 길이다!
1129 🔊 앨리스 Yes, I know. But I _____ _____ thinking... 1129 네, 알아요. 하지만 제 생각에는 was just...
1130 🔊 여왕 Curtsy _____ you're _____ . 1130 절을 하면서 while 생각 thinking 해라.
1131 🔊 It _____ time. 1131 그럼 시간이 절약 saves 되지.
1132 🔊 앨리스 Yes, Your Majesty. 1132 네, 여왕 폐하.
1133 🔊 But I _____ _____ going to _____ ... 1133 그런데, 제가 단지 was only 여쭈려던 ask 것은...
1134 🔊 여왕 _____ _____ the questions! 1134 내가 질문을 묻겠다 I'll ask!
1135 🔊 Do you _____ croquet? 1135 크로케 게임을 할 play 줄 아느냐?
1136 🔊 앨리스 Why, yes, Your Majesty. 1136 아, 네, 여왕 폐하.
1137 🔊 여왕 _____ , _____ the game _____ ! 1137 그러면 Then, 게임을 시작하겠다 let/begin!

감상 상대방의 뜻은 상관없이 자신이 하고 싶은 말만 하는 여왕입니다. 여왕이 소리지를 때마다 머리가 휘날리고, 급기야 넘어지기까지 하는 연출이 재미있습니다. 혹시나 제가 화낼 때 제 아이들이 마음속으로 저렇게 느끼지는 않을까 걱정스러웠습니다. 실제로 사람마다 유난히 예민하게 반응하는 말이 있는데, 여왕은 way라는 말에 특히 예민하네요. 여왕처럼 분노 장애나 다혈질인 사람이 있으면 되도록 인생에서 마주치지 않는 것이 좋습니다. 혹시 주변에 있다면 피해 다니는 것이 정신 건강에 좋습니다. 똥 옆에 있으면 똥이 묻어요.

35 여왕의 크로케 경기장 2/2

1138 왕	To your p_____! To your p_____!	1138 모두 제 위치로places! 모두 제 위치로places!
1139	By o_____ of the king! Hurry! Hurry! Hurry!	1139 왕의 명령order이다, 서둘러라! 서둘러라! 서둘러!
1140 대장	Shuffle deck!	1140 카드 섞어!
1141	Cards, c_____!	1141 카드, 나눠cut!
1142	D_____ cards!	1142 카드 돌려Deal!
1143	Cards, halt!	1143 카드, 제자리에 서!
1144 여왕	S_____!	1144 조용Silence!
1145	Off with his head!	1145 데리고 나가서 목을 쳐라!
1146 왕	Off with his head. Off with his head.	1146 목을 치랍신다. 목을 치랍신다.
1147	B_____ order o_____ the king.	1147 왕의 명령이다By/of, 목을 쳐라.
1148	But, you h_____ what she s_____.	1148 하지만, 너는 그녀가 말한 것을 들었잖아heard/said.
1149 여왕	You're n_____.	1149 네 차례next다.
1150 앨리스	Oh, but...	1150 하지만...
1151 여왕	My dear.	1151 얘야.
1152 앨리스	Ha. Yes, your Majesty. Oh! hahahahahaha... Stop!	1152 네, 여왕 폐하. 이런! 깔깔깔깔... 그만해!
1153 여왕	Of a_____ the i_____...	1153 모든all 불가능 속에서라도impossible...
1154 앨리스	Do you w_____ us b_____ to l_____ our heads?	1154 우리 둘 다 머리가 없으면 좋겠니want/both/lose?

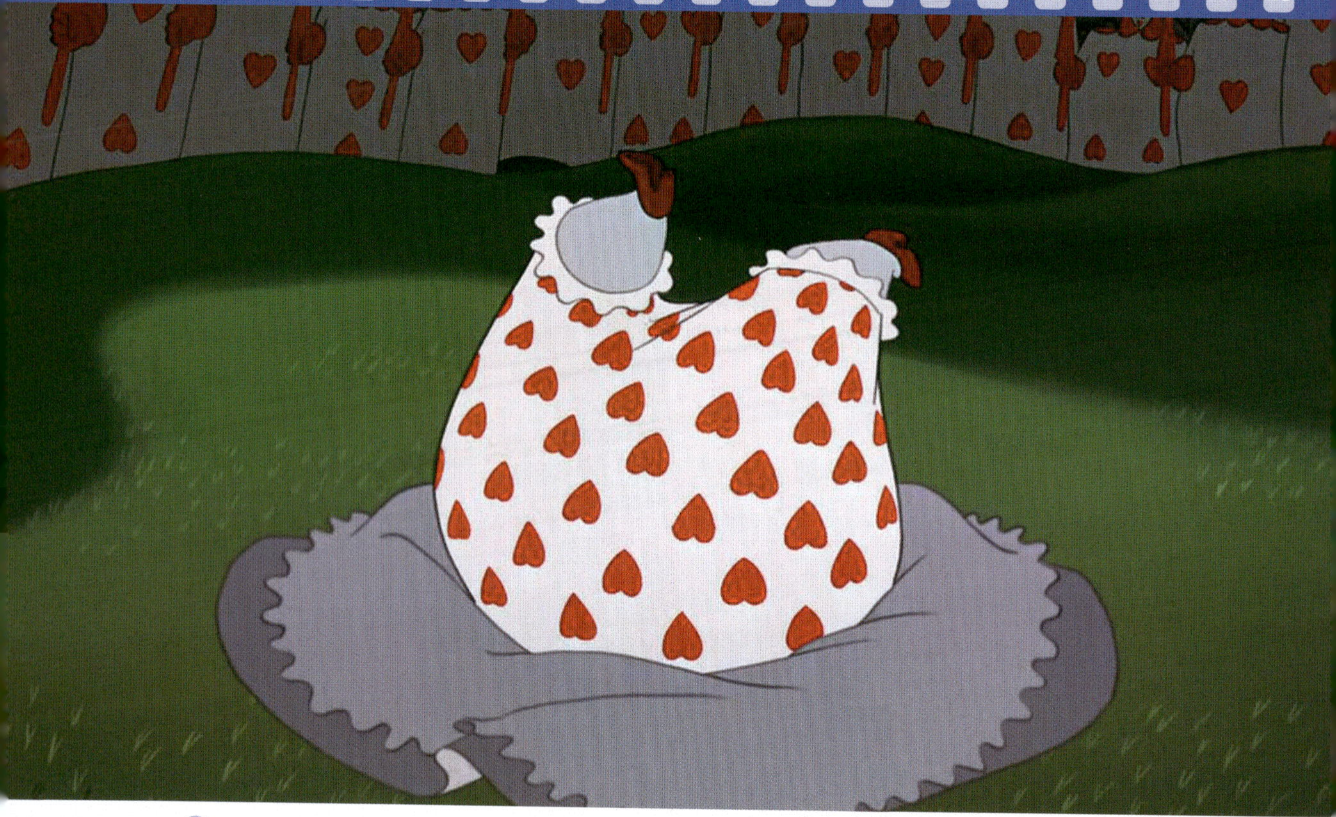

1155 새	Uh-huh.	1155 응.
1156 앨리스	Well, I don't.	1156 글쎄, 난 싫어!
1157 새	Huh?	1157 응?
1158 고양이	Da, da, da, da~ da, da, dan... la, la, la, hm....	1158 다, 다, 다, 다, 다, 단... 라, 라, 라, 흠....
1159	I say, how are you getting on?	1159 내 말은, 시합은 잘 되가니?
1160 앨리스	_____ _____ _____.	1160 전혀 Not at all.
1161 고양이	_____ _____?	1161 뭐라고 Beg pardon?
1162 앨리스	I said _____ _____ _____.	1162 전혀 안 된다고 not at all 했어.
1163 여왕	Who are you _____ _____ _____?	1163 누구에게 하는 말이냐 talking to?
1164 앨리스	Oh, a, a cat, your Majesty.	1164 이런, 하, 한 고양이에게요, 여왕 폐하.
1165 여왕	Cat? _____?	1165 고양이, 어디 있지 Where?
1166 앨리스	There. Oh. There _____ is _____.	1166 거기요. 이런. 이번엔 그가 거기예요 he/again.
1167 여왕	I _____ you, _____.	1167 경고하겠다 warn, 꼬마야 child.
1168	If I lose _____ _____,	1168 내가 이성 my temper을 잃으면,
1169	you lose your head. _____?	1169 넌 머리를 잃게 돼. 알겠어 Understand?
1170 고양이	You know,	1170 있잖아,
1171	we _____ make her _____ _____.	1171 우리 여왕을 정말 화나게 해볼까 could/really angry?
1172	_____ we _____?	1172 해보고 싶은데 Shall/try?
1173 앨리스	Oh, no. no. no.	1173 이런, 아냐. 안돼. 안돼.
1174 고양이	Oh, but it's _____ of _____.	1174 이런, 하지만 많이 loads 재미있을 fun 거야.
1175 앨리스	No, no, no, _____! Oh, no!	1175 아냐, 싫어, 싫어, 그만 stop! 이런, 그만해!
1176 토끼	Oh, my _____ and whiskers.	1176 깜짝이야! 내 털 fur 과 수염들아.
1177 왕	Oh, dear. _____ the queen.	1177 저런, 큰일났네. 여왕을 구하라 Save!
1178 여왕	Someone's head _____ _____ for this.	1178 어떤 놈의 목이 이것 때문에 굴러다닐까 will roll!
1179	_____! Off with her...	1179 네 것 (목) 이다 Yours! 데려가 잘라라...
1180 왕	But, but, but, _____, my dear.	1180 그런데, 잠깐, 잠깐, 생각해봐 consider, 여보.
1181	_____ _____ have a trial... uh... _____?	1181 그녀가 재판받을 수는 없을까 Couldn't she... 음... 먼저 first?
1182 여왕	Trial?	1182 재판?
1183 왕	Well, just uh... a little trial? Hmm?	1183 글쎄, 단지 음... 간단한 재판이라도? 흠?
1184 여왕	Um, _____ well, then.	1184 음, 아주 very 좋아, 그렇다면.
1185	Let the _____ _____.	1185 재판 trial을 시작하 begin 겠다!

감상 해리포터에서 게임 말로 사람을 사용한 체스를 하는데요. 여왕도 사람으로 된 카드를 이용해서 크로케 게임을 합니다. 여왕이 공을 칠 때는 공이 맞지 않아도 알아서 움직이고, 심지어 골대도 움직이는데요. 앨리스는 크로케 채마저 말을 듣지 않습니다. 마치 현실의 기울어진 운동장 같다고나 할까요. 실수했다고 바로 목이 잘리는데, 성격 더러운 여왕에게 장난을 쳤으니 앨리스는 어떻게 될까요?

36 앨리스의 증언 1/3

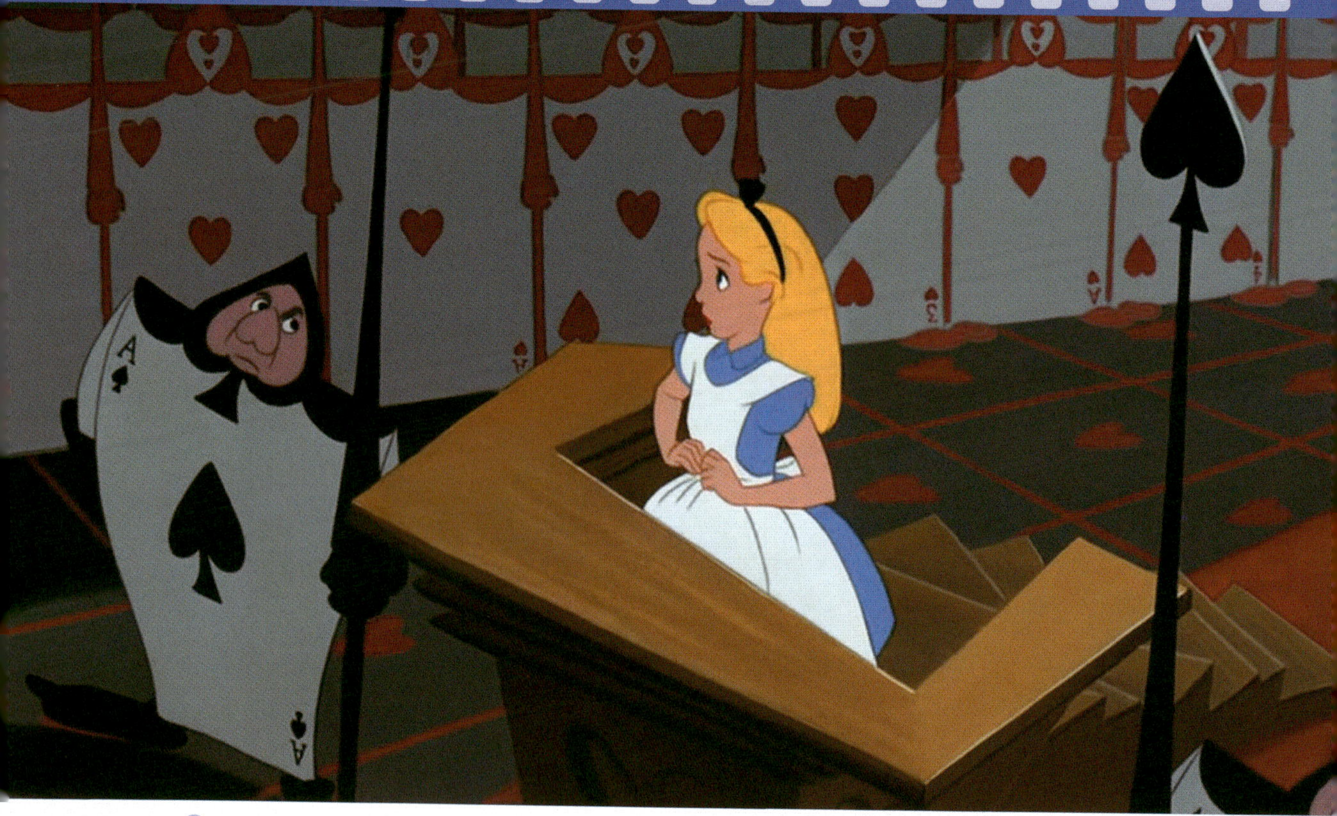

1186	토끼	Your Majesty,	1186 여왕 폐하,
1187		m_____ of the jury,	1187 배심원 여러분members,
1188		l_____ subjects,	1188 충성스러운loyal 백성들,
1189		...and the king.	1189 ...그리고 (보잘것 없는) 왕.
1190		The p_____ at the bar is c_____	1190 피고석에 선 죄인prisoner은 죄를 범했다charged
1191		with enticing Her Majesty the Queen of H_____	1191 하트Hearts의 여왕님이신 폐하를 꾀었는데/
1192		into a g_____ of croquet and thereby willfully	1192 크로켓 게임game을 하자고 고의로
1193		and with malice aforethought teasing, tormenting	1193 악의를 가지고 계획적으로 괴롭히고, 고통스럽게 했고,
1194		and o_____ a_____	1194 그 외에도otherwise 짜증나게 하고annoying/
1195		our b_____...	1195 우리의 사랑받는beloved...
1196	여왕	N_____ m_____ all that!	1196 모두 그만Never mind!
1197		G_____ to the p_____	1197 내가 화났던 부분으로
1198		w_____ I lose m_____ t_____.	1198 넘어가Get/part where/my temper.
1199	토끼	...thereby c_____ the queen	1199 ...이리하여 여왕님을 화나도록causing/her temper
		to lose h_____ t_____.	하였습니다.
1200	여왕	Now... are you r_____ for your s_____?	1200 그럼... 판결 받을 준비ready/sentence는 됐느냐?
1201	앨리스	S_____?	1201 판결Sentence이요?

1202		But there _____ be a verdict _____.	1202 하지만 선고부터 받아야must/first 하잖아요.
1203	여왕	Sentence _____! Verdict _____!	1203 판결이 먼저first이! 선고는 나중afterwards이야!
1204	앨리스	But that _____ _____ the _____...	1204 하지만 그건 그렇게 하는 게 아니에요just isn't/way...
1205	여왕	_____ _____ _____...	1205 여기선 모든 방식이All ways are...
1206	앨리스	Your ways, Your Majesty.	1206 여왕님 맘이죠, 폐하.
1207	여왕	Yes, _____ _____.	1207 맞아, 얘야my child.
1208		_____ _____ her...	1208 잘라내라Off with / 그녀의...
1209	왕	_____, my dear.	1209 고민해봐Consider, 여보.
1210		We've _____ _____ witnesses.	1210 증인을 하나도 안 불렀는데called no.
1211		Couldn't we _____ _____ _____ or _____, huh?	1211 한 둘쯤 들어볼hear maybe one/two수 있을까, 응?
1212		Maybe?	1212 혹시라도 말이야?
1213	여왕	Oh, very well.	1213 그래, 좋아.
1214		But _____ _____ with it!	1214 하지만 그 일에 서둘러라get on!
1215	왕	First witness. First witness.	1215 첫 번째 증인. 첫번째 증인.
1216		Herald, _____ the first witness.	1216 헤럴드, 첫 번째 증인을 불러라call.
1217	토끼	The March Hare.	1217 3월의 (발정난) 산토끼요!

감상 하얀 토끼의 이름이 헤럴드였군요. 요즘 교장 선생님들께서는 어떠신지 모르겠습니다만, 제가 다닐 때만 해도 교장선생님의 인사말이 너무 길곤 했습니다. 운동장에 서서 듣다 보면 진이 다 빠졌습니다. 실제로 체력이 약한 여학생들은 쓰러지기도 했고요. 아마 성격이 급한 여왕도 토끼의 소개를 그렇게 느끼지 않았을까요?

37 앨리스의 증언 2/3

1:08:28~ 1 2 3 4 5 6 7 8 9 10 11 12 13 14 15 16 17 18 19 20

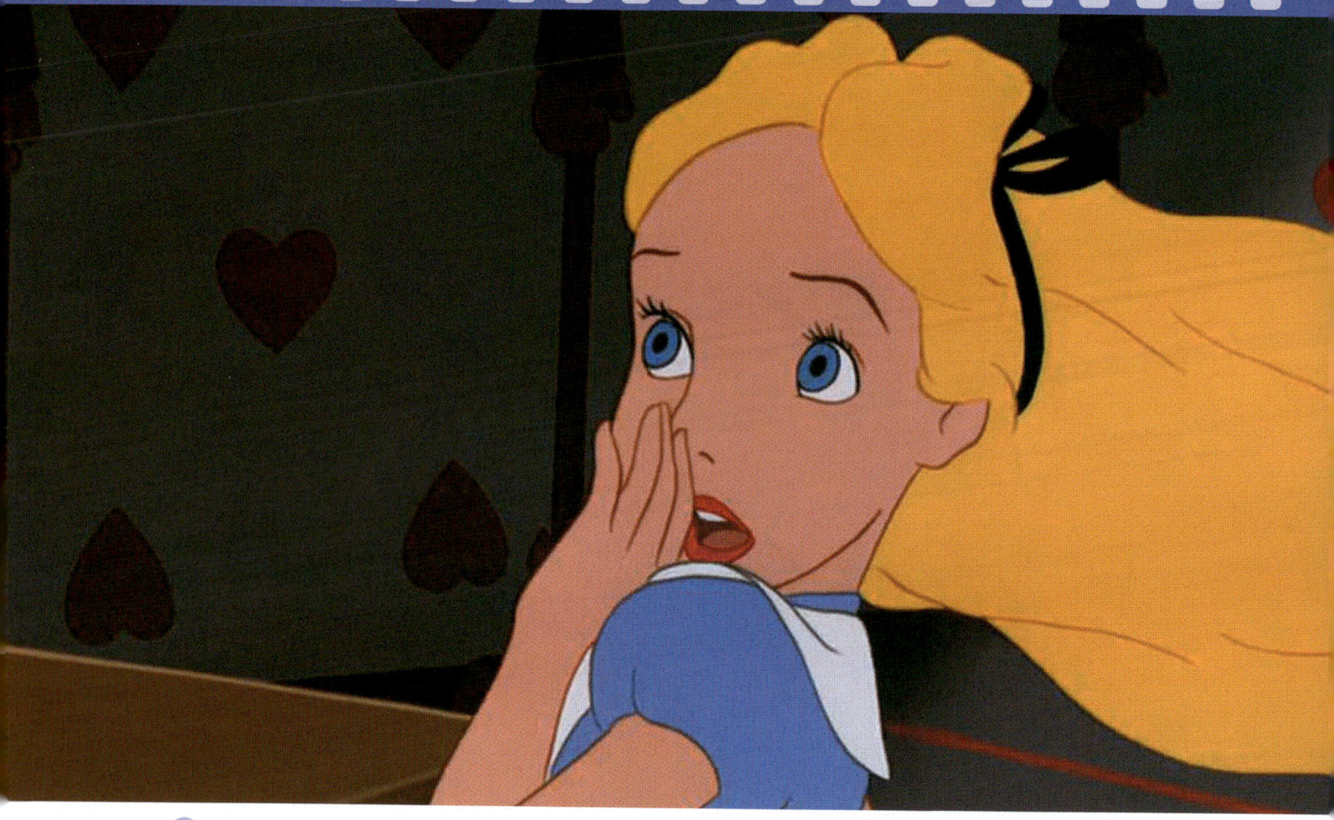

1218	왕	What do you know a_____ this	1218	이 불행한 사건에 대해about
1219		u_____ affair?	1219	무엇을 알고 있느냐unfortunate?
1220	3월토끼	Nothing.	1220	모릅니다.
1221	여왕	Nothing whatever?!	1221	아무 것도 모르느냐?!
1222	3월토끼	Nothing whatever!	1222	전혀 모릅니다!
1223	여왕	That's very i_____!	1223	매우 중요한important 증언이다!
1224		Jury, w_____ that d_____.	1224	배심원, 받아 적어라write/down.
1225	앨리스	U_____,	1225	중요하지 않다는Unimportant 것이겠지요,
1226		your Majesty m_____, of course.	1226	물론, 폐하(가 하고 싶으신) 말씀means은요.
1227	여왕	S_____! Next w_____.	1227	조용히 해Silence! 다음 증인witness.
1228	왕	The Dormouse.	1228	들쥐!
1229	여왕	Well?	1229	그래?
1230	병사	Shh.	1230	쉿.
1231	여왕	What h_____ y_____ to s_____ a_____ this?	1231	넌 이것에 대해 할 말이 있느냐have you/say about?
1232	들쥐	Twinkle, twinkle, l_____ b_____.	1232	반짝, 반짝, 작은little 박쥐bat.
1233		H_____ I w_____...	1233	얼마나How 내가 궁금한지I wonder...

1 자막 없이 1회
2 한글 자막 1회
3 책의 빈칸 받아쓰기 1~20회
4 영어 자막 보고 따라 말하기 50회
5 자막 없이 들리는 대로 따라 말하기 40회

1	2	3	4	5	6	7	8	9	10	11	12	13	14	15	16	17	18	19	20	21	22	23	24	25
26	27	28	29	30	31	32	33	34	35	36	37	38	39	40	41	42	43	44	45	46	47	48	49	50
51	52	53	54	55	56	57	58	59	60	61	62	63	64	65	66	67	68	69	70	71	72	73	74	75
76	77	78	79	80	81	82	83	84	85	86	87	88	89	90	91	92	93	94	95	96	97	98	99	100

100LS 100번 듣고/말하기
한 번 할 때마다 숫자에 O 표시

21 22 23 24 25 26 27 28 29 30 31 32 33 34 35 36 **37** 38 39 40

1234 여왕 That's _____ _____ important _____ _____ evidence
1235   we've _____ yet.
1236 여왕 Write that down!
1237 배심원 Twinkle, twinkle, Twinkle, twinkle...
1238 앨리스 Twinkle, twinkle. _____ _____?
1239 토끼 The _____ Hatter.
1240 모자장수 Oh, hu, hu, hu, hu, hu, hu.
1241 여왕 Off with your _____!
1242 모자장수 Oh, my. Hi, hi, hu.
1243 왕 And _____ _____ you
1244   when this _____ crime was committed?
1245 모자장수 I _____ home _____ tea.
1246   _____, you _____, _____ my unbirthday.
1247 왕 Why, my dear,
1248   _____ _____ _____ unbirthday, too.
1249 여왕 It is?
1250 모자장수 It is?
1251 군중들 It is?
1252 합창 _____
1253 여왕 To me?
1254 합창 To you.
1255 앨리스 Oh, no.
1256 합창 A very merry unbirthday.
1257 여왕 For me?
1258 합창 For you!
1259 모자장수 Now _____ _____, my dear.
1260   and make your wish _____.
1261 합창 A very merry unbirthday to you.

1234 저것이 가장 the most 중요한 하나의 piece of 증언이다 /
1235 지금까지 들은 heard 것 중에.
1236 어서 받아 적어!
1237 반짝, 반짝, 반짝, 반짝...
1238 반짝, 반짝이라니. 다음은 뭐(누구)죠 What next?
1239 미친 Mad 모자장수.
1240 오, 후, 후, 후, 후, 후, 후.
1241 모자 hat를 떼어내라!
1242 네, 에이쿠.
1243 그러면 네가 어디에 where 있었는가 were /
1244 이 끔찍한 horrible 범죄가 범해질 때에?
1245 집에서 차를 마시고 있었습니다 was/drinking.
1246 오늘 Today은, 폐하가 아시다시피 know, 생일 아닌 날이거든요 is.
1247 이런, 여보,
1248 오늘은 today is 당신 your 생일도 아니잖아
1249 그래?
1250 그런가?
1251 그래요?
1252 생일 아닌 날을 축하해요 A very merry unbirthday
1253 나에게?
1254 당신에게요!
1255 이런, 그만해.
1256 생일 아닌 날을 축하해요.
1257 나를 위해?
1258 당신을 위해서요!
1259 이제 촛불을 끄고 blow the candle out, 님께서,
1260 소원이 이뤄지도록 come true 비세요.
1261 생일 아닌 날을 진심으로 축합니다.

감상 아무 말이나 중요하다고 적는 모습이 꼭 코미디 프로의 한 장면 같은데요. 들쥐는 다시 한번 작은 별 노래 개사로 인상을 확실하게 각인시킵니다. 디즈니에서 참 잘 만들었어요. 여왕이 '조용히 하라'고 소리지를 때 앨리스 머리가 휘날리는 모습의 표현이 재미있습니다. 그리고 노래에서 to you의 음정에 맞춰 앨리스가 Oh, no라고 하는 연출도 재미있습니다.

팁&감상

38 앨리스의 증언 3/3

1:10:06~ | 1 2 3 4 5 6 7 8 9 10 11 12 13 14 15 16 17 18 19 20

1 자막 없이 1회
2 한글 자막 1회
3 책의 빈칸 받아쓰기 1~20회
4 영어 자막 보고 따라 말하기 50회
5 자막 없이 들리는 대로 따라 말하기 40회

1262 앨리스 Oh, Your Majesty.
1263 여왕 Yes, my dear?
1264 앨리스 Look! T_____ h_____ i_____ now!
1265 여왕 W_____? Who?
1266 앨리스 The Cheshire Cat.
1267 여왕 Cat?
1268 들쥐 Cat! Cat! Ca-ca-ca-ca-ca! Cat!
1269 3월토끼 There he goes. There he goes.
1270 모자장수 This is terrible. H_____. H_____.
1271 왕 S_____ him.
1272 3월토끼 C_____ him, C_____ him!
1273 모자장수 Somebody, help me. Catch him.
　　　　　G_____ m_____ the jam. The jam.
1274 왕 The jam. The jam.
1275 　　 B_____ o_____ o_____ t_____ k_____.
1276 토끼 The jam.
1277 여왕 L_____ m_____ h_____ i_____.

1262 여왕 폐하.
1263 그래, 야야?
1264 보세요! 저기 There 그가 he 있어요 is!
1265 무엇이 What? 누가?
1266 체셔 고양이요.
1267 고양이?
1268 고양이다, 고양이! 고-고-고-고-고! 고양이!
1269 저기 간다. 저기 간다.
1270 이것은 끔찍해. 도와줘 Help. 도와줘 Help.
1271 그를 멈춰 Stop.
1272 그를 잡아 Catch, 그를 잡아 Catch!
1273 누군가, 도와줘. 그를 잡아.
　　　나한테 잼을 가져와 Get me, 잼 말이야.
1274 잼을 가져와, 잼을 가져와라.
1275 왕의 명령이다 By order of the king.
1276 잼.
1277 내가 가져갈래 Let me have it.

134

1278 여왕 _____ head is going to
1279   r-r-r-r-r-roll for this!
1280   Ah-ha!
1281 앨리스 The _____!
1282 여왕 Off with her...
1283 앨리스 Oh, pooh. I'm not _____ you.
1284   Why, you're _____
1285   but _____ _____ cards.
1286 왕 _____ 42:
1287   all _____ more than a mile high
1288   _____ the court _____.
1289 앨리스 I'm not a mile high,
1290   and I'm not leaving.
1291 여왕 Ha, ha, ha, ha. _____. _____ 42, you know.
1292 앨리스 And _____ _____ you... Your Majesty.
1293   Your Majesty _____.
1294   Why, _____ _____ a queen.
1295   You're just a _____, pompous,
1296   _____-tempered _____ ty... tyrant.
1297 여왕 And er... _____ _____ saying, my dear?
1298 고양이 Well, she _____ _____ _____
1299   you're a _____, pompous,
1300   _____-tempered _____ tyrant.
1301 여왕 Off with her head!
1302 왕 You _____ _____ Her Majesty _____.
1303   Off with her head.

1278 어떤 놈Somebody's의 머리가
1279 이것 때문에 굴~러 다니리라!
1280 맞다!
1281 그 버섯mushroom!
1282 목을 쳐...
1283 흥. 이젠 너희들이 겁나지afraid of 않아.
1284 이런, 기껏해야nothing
1285 카드 한 벌a pack of 이잖아.
1286 규칙Rule 42조:
1287 키가 1마일(1.6킬로)가 넘는 모든 사람들persons은
1288 즉시 법정을 떠나야 한다must leave/immediately.
1289 내 키는 1마일이 아니야,
1290 그러니 떠나지 않겠어.
1291 미안해Sorry, 규칙Rule 42조야, 너도 알잖아.
1292 그리고 너한테는as for... (아니) 폐하한테나.
1293 확실히indeed 폐하의 규칙이지.
1294 글쎄, 너는you're 여왕이 아니야not!
1295 뚱뚱fat하고 심술궂고,
1296 못된bad-성질의 늙은old 독... 독재자일 뿐이야.
1297 그런데 음... 뭐라 말하고 있었니what were you, 얘야?
1298 있잖아, 그녀는 단순히simply 말했어 said that/
1299 뚱뚱fat하고 심술궂고,
1300 못된bad-성질의 늙은old 독재자라고.
1301 그녀의 목을 쳐라!
1302 여왕님께서 뭐라고 하시는지 들었지heard what/said
1303 목을 치랍신다.

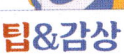

39 도망가는 길

1:11:52~ | 1 | 2 | 3 | 4 | 5 | 6 | 7 | 8 | 9 | 10 | 11 | 12 | 13 | 14 | 15 | 16 | 17 | 18 | 19 | 20

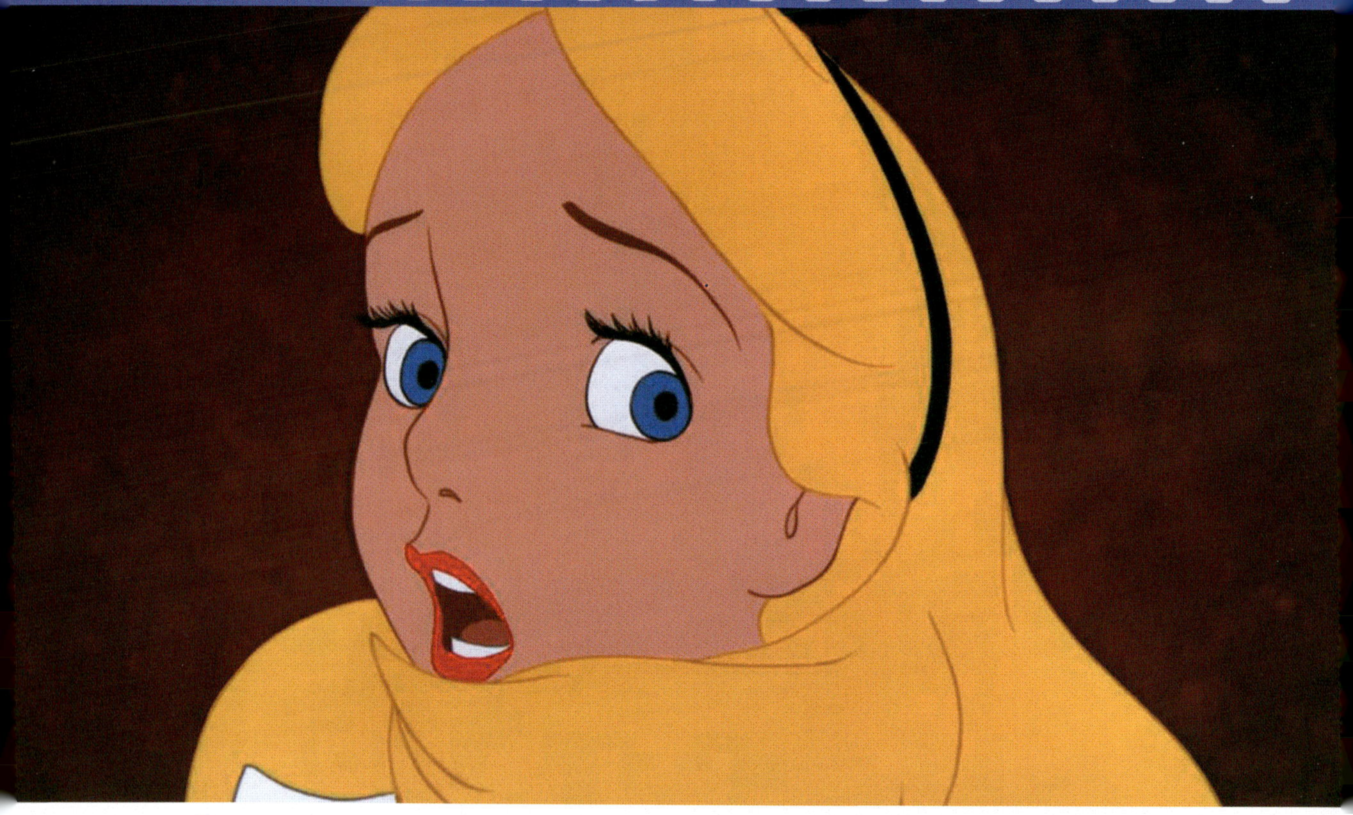

1304	합창 Forward, b_____, inward, o_____.	1304 앞으로, 뒤로backward, 안으로, 밖으로outward.
1305	H_____ w_____ go a_____.	1305 우리 다시 여기서 가네Here we/again.
1306	N_____ o_____ ever l_____	1306 누구도No one 지지loses 않고
1307	and no one c_____ ever w_____.	1307 누구도 이길 수 없지can/win.
1308	Backward, forward, outward, inward.	1308 뒤로, 앞으로, 밖으로, 안으로.
1309	B_____ t_____ t_____ t_____.	1309 아래에서 꼭대기까지Bottom to the top.
1310	N_____ a b_____ There…	1310 시작이 없으면Never/beginning…
1311	여왕 Off with her head! Off with her head!	1311 머리를 쳐라! 머리를 쳐라!
1312	모자장수 Just a m_____.	1312 잠깐moment.
1313	You c_____ l_____ a tea p_____	1313 차 파티에 와서 떠날 수 없지can't leave /party!
1314	w_____ having a cup of tea, you know?	1314 차 한잔도 안 마시면without, 너도 알지?
1315	앨리스 But I c_____ s_____ now.	1315 하지만 지금은 들를 수가 없어요can't stop.
1316	3월 토끼 But we i_____.	1316 하지만 간절한 부탁insist이야.
1317	You m_____ j_____ us i_____ a cup of tea.	1317 우리랑 차 한잔만 마시고 가야해must join/in.
1318	여왕 Off with her head!	1318 머리를 쳐라!
1319	앨리스 Mr. C_____. What, what w_____ I do?	1319 애벌레Caterpillar 님, 전 무엇을 해야할까요will?

1 자막 없이 1회
2 한글 자막 1회
3 책의 빈칸 받아쓰기 1~20회
4 영어 자막 보고 따라 말하기 50회
5 자막 없이 들리는 대로 따라 말하기 40회

1320 애벌레 _____ _____ ?
1321 여왕 _____ _____ .
1322 Don't _____ her _____ !
1323 여왕 Off with her head!
1324 문 Oh...
1325 Still _____ , you know.
1326 앨리스 But the queen.
1327 I _____ _____ .
1328 문 Ho, ho, ho, but you _____ _____ .
1329 앨리스 What?
1330 문 _____ _____ yourself.
1331 앨리스 Why, why, _____ _____ .
1332 I'm _____ .
1333 여왕 _____ let her _____ _____ !
1334 Off with her head!
1335 앨리스 Alice, wake up! Please wake up, Alice. Alice.
1336 Please wake up, Alice.
1337 Alice, Alice, Alice...

1320 년 누구니 Who are you?
1321 저기 간다 There she goes.
1322 놓치지 마라 let/get away!
1323 머리를 쳐라!
1324 아이고...
1325 아직 잠겨 있어 locked, 너도 알잖아.
1326 하지만 여왕이 쫓아와요.
1327 저는 여기서 꼭 나가야 해요 simply must get out.
1328 그런데 넌 이미 밖에 있는걸 are/outside.
1329 뭐라구요?
1330 직접 봐 See for.
1331 어머, 어머, 저건 난데 that's me...
1332 잠이 들었어 asleep!
1333 그녀가 도망가게 하지 마라 Don't/get away!
1334 머리를 쳐라!
1335 앨리스, 일어나! 어서 일어나, 앨리스. 앨리스.
1336 일어나, 앨리스.
1337 앨리스, 앨리스, 앨리스...

감상 음악을 만들 때 형식이 중요하지는 않지만, 형식의 가장 중요한 법칙은 앞에서 나왔던 주제가 마지막에 다시 반복되는 것입니다. 앨리스의 마지막에 그동안 나왔던 인물들과 음악과 장면이 절묘하게 뒤섞이면서 영상을 거꾸로 빨리 감는 느낌이 들었습니다. 영상과 타이밍을 맞추려고 했는지, 목소리(특히 앨리스)를 속도를 빠르게 했네요. 원래보다 톤이 아주 높아요.

40 꿈에서 깨어

1:13:31~ 1 2 3 4 5 6 7 8 9 10 11 12 13 14 15 16 17 18 19 20

1 자막 없이 1회
2 한글 자막 1회
3 책의 빈칸 받아쓰기 1~20회
4 영어 자막 보고 따라 말하기 50회
5 자막 없이 들리는 대로 따라 말하기 40회

1338 엄마 Alice, Alice, will you k_____ p____ a_____
1339 and r_____ your l_____?
1340 앨리스 Hmm?
1341 Oh. Oh! How doth the l_____ c_____
1342 i_____ his s_____ t_____?
1343 And p_____ t_____ w_____ o_____ the...
1344 엄마 Alice,
1345 w_____ a____ y____ t_____ a_____?
1346 앨리스 Oh, I'm sorry, b_____ y_____ see
1347 t_____ c_____ s_____...
1348 엄마 C_____?
1349 Oh, f_____ goodness' s_____!
1350 Alice, I... Oh, well.
1351 C_____ a_____.
1352 It's t_____ f_____ t_____.
1353 합창 Alice in Wonderland.
1354 O_____ t_____ h_____ or here or there?

1338 좀 집중해야지 kindly pay attention
1339 암송 recite 수업 lesson에?
1340 네?
1341 아. 아! 어떻게 작은 little 악어 crocodile는 그의 반짝이는
1342 그의 꼬리를 더 멋지게 improve/shining tail할까?
1343 그래서 그 물을 쏟아 pour the waters of...
1344 앨리스,
1345 무슨 what 소릴 하는 거야 are you talking about?
1346 이런, 미안해요, 하지만 but, 엄마도 알듯 you이
1347 그 애벌레 the caterpillar가 말했 said어요...
1348 애벌레 Caterpillar라고?
1349 세상에, 맙소사 for/sake!
1350 앨리스! 난... 그만, 됐어.
1351 따라 오렴 Come along.
1352 차 마실 시간 time for tea이야.
1353 이상한 나라의 앨리스.
1354 그 언덕 너머에 Over the hill 아니면 여기 혹은 거기에?

138

1355	합창 I wonder _____.	1355 저는 어디<u>where</u>에 있는지 궁금해요.
1356	Ah, Ah, Ah, Ah, Ah~	1356 아, 아, 아, 아, 아~
1357	Alice in Wonderland.	1357 이상한 나라의 앨리스.
1358	_____ Wonderland?	1358 이상한 나라에 어떻게 가나요<u>How do you get to</u>?
1359	Over the hill _____.	1359 언덕 너머에, 아니면 땅 밑 나라<u>or underland</u>에,
1360	_____?	1360 아니면 나무의 바로 뒤에<u>or just behind the tree</u>?
1361	Alice in Wonderland	1361 이상한 나라의 앨리스.
1362	_____ to Wonderland?	1362 이상한 나라의 길은 어디에 있나요<u>Where is the path</u>?
1363	Over the hill.	1363 그 언덕 너머에,
1364	_____?	1364 아니면 여기 혹은 거기에<u>or here or there</u>?
1365	_____.	1365 저는 어디에 있는지 궁금해요<u>I wonder where</u>.

감상 소설에서 '알고 보니 모든 게 꿈이었다'는 결말은 어찌 보면 무책임한 결말인데요. 아쉽지만, 그래도 앨리스의 이야기가 '꿈'이라는 분위기와 잘 맞는 것 같습니다. 영화 전반적으로는 디즈니에서 참 잘 영상화했습니다. 그동안 다양한 앨리스의 영상 작품이 나왔는데요. 이 작품을 넘은 작품이 없었고, 앞으로도 이 작품을 뛰어넘는 '이상한 나라의 앨리스'는 나오기 어려울 것 같습니다. 영화 영어 책에서도 당분간은 이 책을 뛰어넘는 책이 나오기 어렵겠지요?

마이클리시 책 소개

즐거운 영어로 올바른 성품을 기른다는 사명을 갖고
기존에 없던 최고의 책만을 출간합니다.
학습자 입장에서의 설명과 재미 요소로 **스스로 끝까지 읽을 수 있습니다.**
모든 책에 원어민 MP3를 제공하며, 무료강의(**goo.go/8id6df**)도 있습니다.

입문 알파벳을 읽기 어려운 분

아빠표 영어 구구단+파닉스

부모님이 가르치는 **하루 10분, 1년 완성** 영어회화!
중학교 졸업까지 영어걱정 끝!
무료강의 제공, 세이펜 지원.
5~10세 대상.
총 12권 + 파닉스 카드 100장.

*이제라도 만난 게
너무 다행이다 싶었어요. - hyeona10**
아이에게 해줄 설명까지 위에 나와있어
엄마가 뛰어난 실력을 갖고 있지 않아도
그대로 따라하면 유아파닉스 홈스쿨링 가능합니다. - lalla**

초급 초등학교~중학교 2학년 수준

8시간에 끝내는 기초영어 미드천사

60대 할머니와 함께하는
수십만 원 상당의 영어회화
무료강의! 원어민의 일상
회화 90% 해결하는 1004
어휘 중심의 미드 명문장!

*지루하다고 느끼지 않고
계속 공부한 책은 처음이네요.
무작정 외우기만 했던 문법들이 이해가 되면서
조금씩 영어에 재미를 느끼고 있습니다. - 우사**

8문장으로 끝내는 유럽여행 영어회화

유럽여행 에세이를 읽으면
자동으로 익혀지는 여행 영어!
한글 발음표기, 20여 가지 부록으로,
영어를 읽지 못해도 **배낭여행 가능!**
무료강의 제공!

*나도 모르는 사이 배워지는 책ㅋ - jihyun07**
이 책만 있으면 여행준비 끝. - shake**
이 책은 좀 달랐습니다. 화장실 가는 시간 빼고
거의 한큐에 다 읽었어요! 비행기 안에서
2시간 만에 익힌 8가지 패턴이 많은 도움이 됐습니다. - hnd20**

난생처음 끝까지본 시리즈 2
단단 기초 영어공부 혼자하기

단어에서 문장으로 **단**계별로 단단하게!
저자 직강 유튜브 강의! 베스트셀러!
유럽여행, 미드천사, 생활영어 등
Mike Hwang의 대표작에서
뽑은 쉬운 문장! 쉬운 설명! 큰 글씨!

*서점에는 책들이 엄청 넘쳐나는데
성인기초학습자에게 괜찮은 책이 마땅치
않다는 것이었습니다....정말 이런 게 필요했거든요.
여러 수업을 책 한권에 녹여놓았다 해도 과언이 아니네요. -growi**

2시간에 끝내는 한글영어 발음천사

영어발음 1위! 한글만 알면
누구나 익힐 수 있는 영어 읽는 법!
4시간의 무료강의 제공!
원어민 음성 CD 제공!
한정특가 7390원!

*내가 어릴 때 만났으면 얼마나 좋았을지..
어쩜 이렇게 쉽게 쏙쏙 머릿속에
들어오게 설명을 해주는 건지. - woow**

어르신을 위해 고른 책이었는데
정말 적합한 책이라고 생각합니다.
배우시는 입장에서도 굉장히 만족하십니다. - 임하*

6시간에 끝내는 생활영어 회화천사

1문장을 알면 생활영어 17문장이 따라온다!
해석이 아닌, **말할 때의 사고방식을 적용**한
신개념 영어회화 문법패턴!
무료강의 제공!

*마이클리시의 책을 만나고
나는 과감히 2년간 수강했던
유명한 영어인강을 끊을 수 있었다. - tr***
그동안 수많은 영어책을 구매해서 실패했습니다.
2회독 이후로 영작하고 사전을 찾게 되고
저한테는 영어를 흥미 있게 만든 교재입니다.
- 운**

<앨리스 영화영어>는 중급에 속해있습니다(<영어명언 다이어리> 수준).
각 등급 내에서도 위에 있는 책이 더 쉬운 책입니다.
예: <아빠표 영어 구구단>이 <유럽여행 영어회화>보다 쉽습니다.

중급 중학교 3학년~고등학교 2학년 수준

영어명언 만년 다이어리

수백 권의 책과 4천 개의 명언에서 엄선한
365개의 영어명언!
매주 다른 주제의 문법패턴으로
따라만 써도 영어 실력 향상!
작심삼일이 사라진다.

영어공부를 하기 위해 별도의
시간을 내기는 힘들지만
영어 공부를 놓치고 싶지 않은 사람들에게
아주 매력적인 책 - lhj**

고급 고등학교 3학년 수준~성인

TOP10 연설문

딕테이션·쉐도잉으로 진짜 미드가 들리는 비결!
스티브 잡스, 오바마, 링컨까지
가장 유명한 연설문 10개 수록!
무료 강의 제공!

나중에 딸내미에게도 보여 줘야겠다 싶은
생각이 들 만큼 맘에 드는 책이다.
영어공부도 이렇게 할 수 있어서 행운. - doob**

4시간에 끝내는 영화영작

쓰기가 되면 말하기도 된다!
평점 9.0 영화 명대사로 익히는
영작문!
영화의 맥락 안에서 익히기에
문장이 쉽게 기억된다.

무척 이해하기 쉽게 설명되어 있으니...
스스로 영작하고 있는 사실에 놀랐어요.
영어가 이렇게 재미있는 언어인 줄
이제야 깨달았네요. - mi**im

TOP10 영한대역 단편소설

오 헨리부터 버지니아 울프까지!
가장 재미있는 단편 소설 10개 전문!
책 전체 원어민 오디오 북 제공!
혁신적인 영한대역 구성으로
고2부터 영어 원서를 볼 수 있다!

영어 공부의 무엇이 어려운지
아는 사람이 만들었구나 싶은,
정성이 느껴지는 그런 책. - kyul10**

솔로몬의 지혜:잠언 영어성경

역사상 가장 지혜로운
솔로몬의 지혜를 주제별로
익힌다! 삶의 태도부터
사업기술까지! 점점 빨라
지는 원어민 MP3 제공!

지금 막막하다면, 이 책을 열어 보라.
병든 내 삶이 완전하게 치유될 것이다.
영어 실력의 향상은 그저 보너스일 뿐이다.
- yirzh**

TOP10 영어OO

믿고 보는 TOP10 시리즈!
중급자가 상급자로 가는 가장 즐거운 여행!
그만 읽어 달라고 사정해도
계속 읽고 싶어지는 엄선된 소재!
Mike Hwang의 풍부한 해설!

2023년 출간 예정!

제게 가장 잘 맞는 직업을 주시고, 잘 될 수 있도록 도와주시는 여호와께, 예수께 감사드립니다.

너희를 박해하는 자를 축복하라 축복하고 저주하지 말라. 즐거워하는 자들과 함께 즐거워하고 우는 자들과 함께 울라. 서로 마음을 같이하며 높은 데 마음을 두지 말고 도리어 낮은데 처하며 스스로 지혜 있는체 하지 말라. 아무에게도 악을 악으로 갚지 말고 모든 사람 앞에서 선한 일을 도모하라. 할 수 있거든 너희로서는 모든 사람과 더불어 화목하라. 내 사랑하는 자들아 너희가 친히 원수를 갚지 말고 하나님의 진노하심에 맡기라 기록되었으되 원수 갚는 것이 내게 있으니 내가 갚으리라고 주께서 말씀하시니라. 네 원수가 주리거든 먹이고 목마르거든 마시게 하라 그리함으로 네가 숯불을 그 머리에 쌓아 놓으리라. 악에게 지지 말고 선으로 악을 이기라. (로마서 12:14~21)

이상한 나라의 앨리스를 집필하신 루이스 캐럴과 멋지게 애니메이션으로 만드신 월트디즈니 관계자 분들께 감사드립니다. 단어를 녹음해 주시고, 어려운 구문에 도움을 주신 Daniel Neiman께 감사드립니다. 그림 윤곽선 따주신 김소희(010-2997-3421, 이미지 편집 가능)님께 감사드립니다.

기획에 좋은 아이디어를 주신 세이펜 김철회 대표님, 음원 만드는 데에 힘 써주신 이은아/조지은 과장님, 관계자 분들께 감사드립니다.

영어와 디자인을 가르쳐 주신 선생님들(강수정, 권순택, 김경환, 김태형, 문영미, 박태현, 안광욱, 안지미)께 감사드립니다. 책을 제작 해주신 박규동 대표님(01048065510), 보관과 배송에 힘써주시는 출마로직스 윤한식(01052409885) 대표님께 감사드립니다.

책을 소개, 판매해주시는 교보문고(권대영, 김서현, 김효영, 장은해, 최지환, 허정범), 랭스토어(김선희, 박혜진, 한광석), 리디북스, 북센(송희수, 이선경), 북파트(홍정일) 반디앤루니스(신준택, 어현주, 홍자이), 세원출판유통(강석도), 알라딘(김채희, 홍성원), 영풍문고(박지해, 이진주, 임두근, 장준석), 인터파크(김지현, 김희진, 안상진, 이윤희), 한성서적(문재강), YES24(김태희, 박정윤, 신은지) 그리고 오프라인의 모든 MD분들께 감사드립니다.

판매에 도움을 주시는 북피알미디어(bookprmedia.com) 여산통신(ypress.co.kr 조미영, 조영관), 콜롬북스(01022947981 이홍열), 네이버 카페, 블로그, 사전, 블로거분들, 잡지사 관계자분들, 신문사 관계자분들께 감사드립니다.

꾸준히 마이클리시 책을 구매해주시고, 응원해 주시는 독자분들께 진심으로 감사드립니다. 즐겁게 영어 공부하실 수 있도록 최선을 다해 돕겠습니다.

이상한 나라의 앨리스 영화 영어공부

개정판1쇄 2022년 7월 25일

원작	루이스 캐럴, 월트 디즈니
지은이	Mike Hwang
발행처	Miklish
전화	010-4718-1329, 070-7566-9009
홈페이지	miklish.com
e-mail	iminia@naver.com
ISBN	979-11-87158-38-7

접속하면 바로 보이는 5가지 영상

접속주소
naver.me
/5mePL4NT

- ▶ 1.앨리스 영화영어 소개: 영화영어와 이상한 나라의 앨리스에 대한 소개입니다.
- ▶ 2.앨리스 영화영어 공부법: Mike와 함께 책의 활용법을 적용해 봅니다.
- ▶ 3.이상한 나라의 앨리스 고화질: 재생하면 한글/영어자막 둘 다 나오거나 어느 한쪽만 나옵니다. 자막을 바꾸려면 Alt+L(곰플레이어)이나 Ctrl+L(KM플레이어)를 누르시면 됩니다. 자막을 보지 않으려면 Alt+H(곰플레이어)나 Alt+X(KM플레이어)를 누르시면 됩니다. 참고로, 자막보다 책의 대본이 훨씬 정확합니다.
- ▶ 4.이상한 나라의 앨리스 저화질 (한글자막): 따로 자막 파일이 없어도 영상에 한글자막이 같이 출력됩니다. 자막 설정이 어려우시거나 휴대폰으로 보실 때 좋습니다.
- ▶ 5.이상한 나라의 앨리스 저화질 (영어자막): 따로 자막 파일이 없어도 영상에 영어자막이 같이 출력됩니다. 자막 설정이 어려우시거나 휴대폰으로 보실 때 좋습니다.

📁 10WS (문법문장 120)
폴더를 열면 20단원별로 영상과 MP3가 있습니다.

- 📄 **분할MP3**: 1~20단원까지 120개 문장별로 음성 파일을 다르게 담았습니다. (느린 속도, 원어민 음성 파일 추가 제공)
- 📄 **분할영상**: 1~20단원까지 120개 문장별로 영상 파일을 다르게 담았습니다.
- 📄 **어휘따라읽기**: 원어민이 단원별로 오른쪽 상단의 어휘를 띄엄띄엄 읽습니다. 따라서 읽으시면 됩니다.

📁 100LS (40 장면)

- 📄 **MP3**: 40단원별로 되어있는 파일과 1300개의 문장을 따로 나눈 두가지 폴더가 있습니다. 평소에는 40단원별 파일을 사용하시고, 어려운 부분만 1300문장 따로에서 추려서 사용하시면 됩니다.
- 📄 **영상**: 3가지 종류로 들어있습니다. 1.한글자막, 2.영어자막, 3.자막없음

- 📄 **!받아쓰기MP3**: 100LS에서 가장 많이 활용해야 할 파일입니다. 모든 문장이 4번씩 띄엄띄엄 나오므로 받아쓰기 좋습니다.
  - **받아쓰기책전부**: 책 전체(40단원)가 처음부터 끝까지 쉬지 않고 나옵니다.(느린속도/빠른 속도 파일 추가 제공)
  - **느리게(단원별)**: 40개의 단원별로 느린 속도로 나옵니다.
  - **보통속도(단원별)**: 40개의 단원별로 보통 속도로 나옵니다.
  - **빠르게(단원별)**: 40개의 단원별로 빠른 속도로 나옵니다.

📁 보너스
마이클리시책 미리보기와 이상한 나라의 앨리스 자막이 있습니다.

증정 이벤트 1 <앨리스 영화영어> 서평을 써주시면, 모든 분께 <앨리스 영어원서(책속 부록) 일부>의 해석과 앨리스 영어원서 전체 PDF, 전체 오디오북(MP3)을 드립니다. 이벤트 참여주소: **goo.gl/5pqpc6**

증정 이벤트 2 원하시는 영화영어책 설문에 참여하시면, 책이 출간되면 1순위로 선택하신 모든 분께 무료로 드립니다. 이벤트 참여주소: **goo.gl/tvcpph**